LUCKY PEOPLE'S SECRETS

LUCKY
PEOPLE'S

운 좋은 사람들이
꼭 지키는 33가지 룰

SECRETS

스가와라 게이 지음 | 안혜은 옮김

스스로 좋은 운을 만드는
사람들의 비밀

자기 분야에서 성공한 사람들은 보통 "○○ 덕분입니다."라거나 "운이 좋았을 뿐이에요."라며 겸손하게 대답하는 반면, 일이 잘 안 풀린 사람들은 "운이 나빠서…."라며 운을 탓한다. 그 마음이 이해는 되지만, 한편으로 운이란 무엇인지, 운의 정체가 궁금해지기도 한다.

태어날 때부터 외모가 뛰어나거나 머리가 좋은 사람, 집이 부유한 사람을 보면서 '나도 저렇게 태어났더라면….' 하고 생각하는 사람이 많을 것이다. 나도 마찬가지였다. 오랫동안 '날 때부터 운 좋은 사람'을 내심 부러워했다. '인생은 DNA와 환경에 의해서 좌우된다.', '자식은 부모를 선택할 수 없다.', '인간의 행복은 타고난 운으로 결정된다.'와 같은 오해 속에서 어딘가 꼬이고 주눅 든 채 살아왔다.

하지만 사회에 나와 경험을 쌓고 다양한 사람들을 만나면서 생각이 바뀌었다. 성공한 사람들이라고 해서 모두 훌륭한 DNA나 환경을 타고났을 리는 없다. 오히려 어려운 환경을 기회로 삼아 만족스러운 인생을 얻은 사람이 더 많다. 운은 삶의 태도와 마음가짐으로 바꿀 수 있다. 진심으로 그렇게 생각한다.

'나는 운이 나빠.'라는 생각에 빠져 사는 한 운은 좋아질 수 없다. 운은 타고나는 것이 아니다. 스스로 얼마든지 바꿀 수 있다. 약한 운도 강하게 만들 수 있다. 운에는 일종의 흐름이 있어서 한번 좋은 흐름을 타면 그때부터 계속해서 좋아진다. 스스로 '운 좋은 사람'이라고 단언하는 이들을 보며 확신했다.

이를 깨달은 후 나는 그들을 유심히 관찰해보았다. 운이 좋아질 수밖에 없는 그들의 행동과 태도, 마음가짐이 눈에 들어왔다. 그래서 늦게나마 그들을 따라 해보니, 운이 조금씩 좋아지는 느낌이 들었다. 적어도 '난 왜 이렇게 운이 나쁠까.' 하고 한탄하는 일은 없어졌다.

'운 좋은' 사람들은 밝고 순수하다. 현실에 불만이 없고 시선은 항상 앞을 향해 있다. 자신을 소중히 여기고 하루하루 최선을 다해 산다. 작은 일도 소홀히 하는 법 없이 알찬 하루를 보낸다. 무엇이든 대충 하는 법이 없고 야무지다. 게다가 '운 좋은' 사람은 주변 사람에게 한없이 자상하다. 관계가 소원해지면 마음이 불편하기 때문이다.

운의 정체는 '에너지'다. 불만, 짜증, 분노는 많은 에너지를 요하지만 나쁜 결과를 가져온다. 이는 굉장한 에너지 손실이다. 반대로 매일 밝고 즐겁게 지내는 사람은 에너지 손실이 없을뿐더러 매일 새로운 에너지를 만든다. 바로 이 에너지가 운을 끌어올리는 원동력이다.

이 책에서는 내가 만난 '운 좋은' 사람들이 꼭 지키는 룰들에 대해 살펴볼 것이다. 삶을 대하는 기본적인 태도부터 주변 정리와 같은 사소한 부분까지 다양하게 다루려고 한다. 그런 것들이 운과 무슨 관계가 있는지 의심스럽더라도 차근차근 실천해보기 바란다. 어느 순간 '나는 운 좋은 사람이야!'라는 생각이 들 것이다.

아무쪼록 이 책이 당신의 운을 강하게, 더 좋게 만드는 계기가 되기를 바란다.

스가와라 게이

타고난 운명을 뛰어넘는
'스스로 만든 운'

계속해서 돈을 끌어당기고
쓸수록 돈이 모이는 금전운

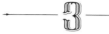

10년 후에도 승승장구하게
만들어주는 직장운

좋은 사람들이 평생 곁에
머무는 인간관계운

5

좋은 운을 담는
좋은 그릇이 돼라

1

타고난 운명을 뛰어넘는
'스스로 만든 운'

사소한 마음가짐의 변화는 일과 생활에 활기를 불어넣는다.
그러다 문득, 요즘 들어 '운 좋은 일이 많아졌다.'는
생각이 들게 될 것이다.
자신이 운이 좋은 사람이라는 믿음과 스스로를 아끼는 자존감은
행운으로 가는 지름길이다.

행운을 부르는
스위치를 켜라

'오늘의 운세'를 활용하는 법

신문이나 포털사이트에는 띠별 운세나 별자리 운세, 오늘의 운세 등 다양한 '운세' 정보가 가득하다. 당신은 그 내용을 믿는 편인가, 무시하는 편인가?

학생 시절에 일을 도와준 인연으로 지금까지 친하게 지내는 지인 K가 있다. K는 워낙에 잘나가는 영업맨이었지만 최근 몇 년 동안 더욱 일취월장하며 눈부시게 활약 중이다. 요즘 같은 불황에도 그가 세우는 판매 계획은 잇달아 대박을 쳤다. 이제는 누가 뭐래도 명실공히 회사의 앞날을 책임질 인재로 인정받고 있다.

하지만 K는 몇 년 전까지만 해도 괴로움 속에서 지옥

같은 나날을 보냈다. 예기치 못한 건강 문제 때문이었다. 건강 검진을 받았는데 당뇨병 진단을 받았고, 건강에 대한 자신감이 한순간에 무너져버렸다. 그는 평소 일 때문에 식사와 운동을 거르기 일쑤였다. 그 결과 건강은 점점 악화되었고, 만성 피로 때문에 일도 설렁설렁하게 됐다. 건강뿐만 아니라 영업 실적까지 이내 곤두박질치기 시작했다.

그러던 어느 날, 그는 단골 거래처 사람과 별자리 이야기를 하게 되었다.

"K씨는 별자리가 뭐예요?"

"저요? 천칭자리입니다."

"오늘이 행운의 날이네요. 신문에 나왔거든요."

K는 별자리는커녕 점 따위에 전혀 관심이 없는 타입이었다. 하지만 그날은 왠지 상대방의 말이 귀에 꽂혀 '그래? 오늘은 내가 운이 좋단 말이지.' 하고 그말을 믿어보기로 했다. 별자리 운세 때문인지는 몰라도 그날의 영업은 성공적이었다. 뿐만 아니라 그 무렵, 의견 충돌이 잦았던 여자 친구와 모처럼 데이트를 하며 긁은 즉석 복권에도 당첨되는 등 좋은 일이 계속 생겼다.

별자리 운세가 의외로 잘 맞은 그날 이후로 그는 항상 별자리 운세를 체크한 후 외출했다. 별자리 운세가 좋다고 나온 날에는 왠지 모를 자신감이 생겼다.

물론 별자리 운세, 오늘의 운세가 항상 맞는 것은 아니다. 분명 운이 따르는 날이라고 했는데 보기 좋게 빗나간 적도 많다. 그런 날에는 '나는 운이 좋아. 오늘은 좋은 공부 한 셈 치자.'라고 생각하면 된다.

오늘의 운세는 운이 좋지 않은 날을 운 좋은 날로 바꾸는 방법도 가르쳐준다. '행운의 색이 노란색인 날은 노란색이 들어간 물건을 하나라도 사용하면 좋다.', '카레를 먹으면 불운이 사라진다.' 등 간단한 방법이다. 별것 아니지만 운세가 역전된다고 하니 해볼 만한 가치는 있는 것 같다.

'밑져야 본전'이라는 마음이 중요하다

K의 이야기를 듣고 '역시, 남의 말도 귀담아 들어볼 일'이라는 생각이 들어 나도 최근에 은근슬쩍 오늘의 운세에 관심을 갖게 됐다. 그리고 곧 그의 말을 실감할 수 있었다.

'○○년생 ○○띠인 당신, 오늘은 최고의 운세입니다.'라는 운세가 나오면 그것만으로도 확실히 기분이 좋아져 기운이 났다.

예전의 나는 오늘의 운세를 무시했고, 그것을 믿는다는 누군가를 바보 취급하기도 했다. '이 세상에 나와 같은 띠나 별자리를 가진 사람이 얼마나 많은데 그 사람들 모두가 최고의 운세라니…. 말도 안 돼.'라고 생각했다.

만약 당신이 남의 말을 잘 안 믿는 타입이라면 다소 허황되어 보여도 오늘의 운세를 무조건 순수하게 받아들이는 연습을 해보자. 사소한 것부터 다른 사람이 무언가 권유하면 '밑져야 본전'이라는 생각으로 받아들이는 것이다. 그러면 굳게 닫혔던 마음, 삐딱했던 마음이 조금은 누그러진다.

이러한 변화로 타인을 대하는 태도가 서서히 바뀌고, 일과 생활에 긍정적인 마음으로 임하게 된다. 그러다 문득 '요즘 들어 운 좋은 일이 많아졌다.'는 생각이 들게 된다. '믿음'은 행운의 스위치를 켜는 첫걸음이다.

02

잘한 게 없어도
'나는 잘했어!'라고 생각한다

화장이 잘된 것도 칭찬할 일

자기긍정감을 높이는 가장 효과적인 방법은 스스로 칭찬하는 습관을 갖는 것이다. 누군가 칭찬을 해주면 뇌에서 세로토닌과 도파민이 분비된다. 셀프칭찬으로도 같은 효과를 기대할 수 있다. 세로토닌과 도파민이 왕성하게 분비되면 의욕과 활력이 솟아나 저절로 자기긍정감이 높아진다.

'하지만 아무리 생각해도 나에겐 칭찬할 만한 구석이 없다.'고 좌절하지 말자. 그것은 당신이 자신을 다른 사람과 비교하기 때문이다. 나만 바라보면 된다. 어제와 오늘의 나를 비교해서 조금이라도 나아진 부분이 있다면 마음껏 칭찬하자.

영업 실적이 향상되거나 진급 시험에 통과했을 때는 당연히 칭찬하고 또 칭찬해야 한다. 하지만 특별한 성과가 없는 날에도, 아니 오히려 그런 날에는 더욱더 나 자신을 칭찬하자. '오늘은 어제보다 화장이 잘됐어.', '오늘은 드디어 복근 운동 50개를 클리어했다! 나도 하니까 되잖아?'라고 말이다. 관점을 조금만 바꾸면 칭찬거리는 무궁무진하다.

나는 자주 다이어트에 도전한다. '자주'라는 말 자체가 그간의 실패를 고백하는 것과 같지만…. 내 경우에는 맥주를 마시며 무심코 "한 잔 더!"를 외치려다 참았던 일 같은 사소한 것도 '오오, 나 너무 잘했어! 칭찬해!' 하고 크게 칭찬한다.

자기 전에 '셀프칭찬노트'를 쓰자

일본의 유명 개그맨 아카시야 산마는 자기긍정감이 굉장히 높은 사람으로 유명하다. 어쩌면 매일 본인이 나오는 프로그램을 챙겨 보며 '난 역시 천재야.' 하고 셀프칭찬을 하기 때문인지도 모른다. 하루를 마무리하며 오늘을 돌아보고 '셀프칭찬' 하는 습관은 자기긍정감을 높이고 운을 좋게 만드는 가장 좋은 방법이다.

'셀프칭찬노트'를 만들어서 취침 전 '오늘의 칭찬'을 적는 것도 도움이 된다. 늘 셀프칭찬을 의식하면 예전에는 자책하고 좌절했을 날에도 열심히 칭찬거리를 찾게 된다. 특히 자기 전에 작성하면 셀프칭찬의 기억이 자는 동안 차곡차곡 뇌에 저장된다. 기억은 자는 동안 뇌의 해마에 저장되기 때문이다.

그 결과, 나날이 자신감이 생기고 자기긍정감이 높아진다. 따라서 직장에서나 집에서나 의욕 넘치는 생활을 할 수 있다. 뿐만 아니라 정신력도 강해지고, 강력한 운을 끌어당기는 힘도 갖추게 될 것이다.

03

"오늘은 분명
기분이 좋을 거야!"

입 밖에 내뱉는 모든 것은 현실이 된다

기분이 좋으면 타인의 어떤 이야기라도 순수하게 받아들일 수 있다. 반면에 기분이 나쁘면 무엇이든 부정적으로 받아들이게 된다. 심하면 남이 행복해하는 것도 거슬린다. '어차피 난 불운한 인간이야. 행운 따위 올 리가 없지.' 하고 점점 더 불쾌한 기분으로 파고들게 된다. 이런 정신 상태에서는 운이 약해질 수밖에 없다.

이럴 때는 아침에 일어나 '나는 오늘 기분이 좋을 것'이라고 다짐하자. 이게 전부다. 아침에는 누구나 활기가 넘친다. 푹 자고 나면 어제의 말썽과 고민이 사라지기 때문이다. 자고 일어났는데도 찌뿌듯하다면 이유는 수면 부족이

나 숙취 중 하나다. 즉, 기분 좋은 아침을 위해서는 잠을 충분히 자고 과음하지 않아야 한다. 푹 자고 일어나면 틀림없이 기분 좋게 눈을 뜰 수 있다.

기분이 가장 좋을 때 "오늘도 좋은 하루!"라고 스스로에게 큰 소리로 말하자. 다른 사람에게 들리도록 크게 외치면 그만큼 좋은 기분이 널리 전염된다. 맑은 날에는 "날씨가 화창하네. 아침 햇살이 정말 기분 좋다. 마음까지 맑아지는 기분이야." 하고 소리 내어 말하자. 비가 오면 "오랜만에 비가 오는구나. 비 오는 날은 공기가 깨끗해서 좋네! 마음도 차분해지고."라고 기분 좋은 이유를 구체적으로 말해보자.

말에는 기대를 현실로 만드는 힘이 있다. 그 힘으로 아침을 기분 좋게 시작하면 상쾌한 기분이 하루 종일 지속된다.

나쁜 기분 1을 없애려면 좋은 기분 3이 필요하다

기분 좋게 아침을 맞이하고 출근했는데 직장 동료들의 신경이 날카롭다. 팀장의 심기가 불편한 까닭이다. 괜히 나까지 예민해지고 방금 전까지 좋았던 기분이 사그라든다.

흔한 일이다. 이렇듯 기분은 순식간에 전염돼서 잘못 다스리면 주변 분위기를 엉망으로 만든다.

어른이 된다는 것은 '사회적 관계 속에서 산다.'는 자각을 갖는 것이다. 기분이 좋든 나쁘든 나만의 문제가 아니라는 인식을 가져야 한다. '좋은 기분은 어른의 매너'라는 말을 들어봤을 것이다. 당신의 기분은 좋든 나쁘든 금세 주변으로 전염된다. 좋은 기분이 전염되는 것은 괜찮지만, 나쁜 기분이 전염되는 것은 문제가 된다. 그 나쁜 기분이 금세 동료들과 선후배, 나아가 회사 전체의 사기를 떨어뜨리고 당신의 운도 끌어내리기 때문이다.

그렇다면 어떻게 해야 할까? 기분 안 좋은 사람이 1명 있으면 기분 좋은 사람이 3명 이상 있어야 분위기가 바뀌면서 좋은 기분을 회복할 수 있다. 이는 과학적으로 증명된 사실이다. 미국의 심리학자 마셜 로사다는 약 10년 동안 미국 내 60개사의 경영팀을 관찰하여 실적이 '우수한 팀'과 '저조한 팀'이 긍정 표현과 부정 표현을 얼마나 많이 사용하는지 비교했다. 그 결과 '우수한 팀'은 긍정 표현을 부정 표현보다 약 3배나 더 많이 사용한 것으로 나타났다.

이 '로사다 법칙'을 조금 더 확장시켜 해석하면, 기분이 좋으며 긍정 표현을 자주 사용하는 사람이 기분이 안 좋고 부정 표현을 자주 사용하는 사람보다 3배 더 많아야 팀이 우수한 성과를 올릴 수 있다는 뜻이 된다. 즉, 기분이 좋지 않은 사람이 기분이 좋은 사람보다 3배나 높은 영향력을 행사하며 주위 사람들의 기분마저 모조리 나쁘게 만들 수 있다는 것이다. '나쁜 기분'에는 이토록 무시무시한 힘이 있다.

사람은 홀로 살아가는 존재가 아니다. 가족, 동료, 친구 등 언제나 사람에 둘러싸여 살아간다. 스스로가 늘 좋은 기분을 유지하면 주변 사람들의 운도 함께 끌어올릴 수 있다는 점을 명심하자. 특히 전체를 통솔하는 관리자의 위치에 있다면 자신을 다스려서 언제나 좋은 기분을 유지해야 한다.

04

진짜 원하는 삶에
집중하라

하루에 딱 30분만 혼자 있기

내가 '독신'임을 밝히면 대부분 "외롭겠어요.", "여러모로 불편하시겠네요." 등 반사적으로 부정적인 반응들이 돌아온다. 하지만 인간은 본디 홀로 왔다가 홀로 가는 것이 숙명이다. 누구와 함께 있는 것만이 행복이라는 생각에서 그만 졸업해야 되지 않을까.

타인과 함께 지내는 시간이 더 즐거운 것은 사실이다. 밥도 혼자서 먹을 때보다 가족이나 친구들과 함께 먹을 때 2배는 더 맛있게 느껴진다. 단순히 기분 탓이 아니다. "이거 맛있다!", "매콤한 게 아주 좋네."와 같은 대화가 곁들여지면 실제로 밥이 한층 더 맛있게 느껴지는 법이다. 하지만 늘 누군가와 함께할 수는 없다. 혼자 있는 것을 두려워하면 영원히 혼자 있을 수 없다. 정확히 말하면 정신적 자립이 불가능해진다.

완벽한 자립이란, 혼자만의 시간을 가장 사치스러운 시간으로 받아들이는 것이다. 사치스러운 시간이란, 100% 순수한 나로 있을 수 있는 시간을 말한다. 고독한 시간은 절대 쓸쓸하고 비참한 시간이 아니다. 혼자만의 시간이야말로 그 누구의 방해도 없이 나와 마주할 수 있는 시간이다.

하루에 적어도 30분, 여건이 된다면 1시간 정도는 그런 시간을 갖자. 마음에 드는 카페에서 조용히 차를 마시는 것도 좋고, 공원 벤치에 앉아 바람의 냄새를 느끼는 것도 좋다. 혼자만의 시간을 가지면 오히려 함께 시간을 보내는 사람들의 존재에 더욱 감사함을 느끼게 된다.

혼자 사는 것은 나를 응시하고, 주변의 존재에 감사할 수 있는 매우 가치 있는 일이다. 혼자 사는 즐거움을 만끽할 수 있는 성숙한 사람은 운이 좋든 나쁘든 순간의 변화에 흔들리지 않는다. 느긋하게 자기다운 삶에 익숙해지면 지금 있는 그대로의 생활을 차분히 즐기게 된다. 정말 운 좋은 사람이란, 이 같은 생활을 완전히 자신의 것으로 만든 사람이 아닐까.

직관의 메시지를 읽는 법

'나는 무엇을, 어떤 삶을 원하는가.'

당신은 이 질문에서 묻고 있는 것처럼 원하는 삶을 살고 있는가? 그것이 운 좋은 인생으로 나를 이끄는 지름길이다.

어릴 때부터 두뇌가 명석해서 주위의 기대를 저버리지 않고 한 번에 도쿄대에 합격한 친구 B의 이야기다. B는 매우 기뻐했고 학구열을 더욱 불태워서 '재학 중 사법시험 합격'이라는 큰 꿈을 품었다. "그럼 지금쯤 잘나가는 변호사가 되어 활약하고 있겠군요."라고 묻겠지만 사실 B는 갑자기 도예가가 되겠다며 도쿄대를 자퇴했다. 지금은 중국의 어느 깊은 산골에 틀어박혀 자나 깨나 물레 앞에 앉아 흙을 빚으며 살고 있다.

B는 원래 만들기에 관심이 많기도 했지만 어느 날 직관적으로, 변호사는 자신의 진짜 꿈이 아님을 느꼈다고 했다. 그의 직관이 정확했는지, 흙으로 뒤덮인 그의 얼굴에는 활기가 넘치고 근심의 기색이 없다. 도예가로 인정받으려면 시간이 더 걸리겠지만 지난해 문부과학성이 주최한 전람회에서 입선하는 등 그는 원하는 방향으로 착실하게 나아가고 있다.

인생은 한 번뿐이다. 자신이 진정 원하는 대로 살아야 한다. 그것이 최고의 삶이며 운은 그런 사람을 있는 힘껏 도와준다. 이처럼 직관은 종종 나조차도 몰랐던 나의 속마음을 알려준다. 직관이 보내는 메시지를 예리하게 감지할 수 있는 힘을 길러야 한다.

기분을 정리하고 잡생각을 떨쳐내라

그렇다면 어떻게 직관의 메시지를 감지할 수 있을까? 평소에는 잘 의식하지 못하겠지만, 우리는 모든 면에서 많은 경험을 하며 살아간다. 때문에 좋은 일이 있으면 나쁜 일도 생긴다. 가령 그토록 바라던 해외 발령이 났는데, 자녀의 대학 입시가 겹치는 식으로 말이다. 나에게 행운 같은 일이 가족에게는 고민이 되는 경우다. 일도 가정생활도 별 문제 없이 무탈해서 '난 운 좋은 사람이야.'라고 생각하던 차에 부모님이 쓰러지기도 한다. 이런 일은 생각보다 흔하다.

하지만 인생은 잠시도 걸음을 멈추지 않는다. 그 와중에도 일이 터지고 무언가가 우리를 덮친다. 좋은 일과 나쁜 일을 양손에 떠안고 가는 것이다. 산다는 건 그렇다. 여러 가지 문제와 고민을 받아들이고 나름대로 납득하는 삶을 살아가려면 가끔 머리를 비우는 시간이 필요하다.

그런 의미에서 하루에 5분만 명상에 투자하자. 명상이 힘든 수행이라 생각하기 쉽다. 그러나 내 기분을 정리하기 위한 명상은 그리 어렵지 않다. 앉아서 눈을 감고 되도록 잡생각을 떨치며 정신을 통일하는 것이 전부다. 머리를 정리하고 나면 비로소 진짜 '내 생각'이 보인다. 단 5분이라도 나를 가만히 응시하는 시간을 가지면 타인의 가치관에서 벗어나 정말 내가 원하는 삶으로 더 가까이 다가갈 수 있다.

운 좋은 사람은 내 생각대로, 나답게, 원하는 삶을 살아간다. 하루 5분의 명상은 그러한 삶으로 가는 가장 확실한 방법이다.

05
시간을 낭비하면
운도 날아간다

운 좋은 사람들의 시간 사용법

"2시간 가까이 넋 놓고 텔레비전을 보느라 해야 할 일에 손도 못 댔다."

"회식에 2차, 3차 끌려 다니다가 간신히 막차를 타고 집에 왔다."

"친구와 새벽까지 수다 떠느라 제대로 잠을 못 잤더니 하루 종일 피곤하다."

'예상치 못한 시간낭비'는 누구나 겪는 일이다. 그러나 너무 자주 그런다면 반성해야 한다. 시간 개념을 다시 바로 세울 필요가 있다. 나는 시간의 가치가 생명과 같다고 생각한다. 째깍거리는 시계 초침 소리는 생명의 고동과 같다.

지나간 시간은 두 번 다시 되돌릴 수 없다. 하지만 우리는 얼마나 허무하게 그 시간을 낭비하고 있는가.

누구에게나 똑같은 하루 24시간이 주어진다. 그중에 11~12시간은 수면과 식사, 출퇴근으로 보낸다. 하루에 8시간 근무하는 직장인이라면 자유롭게 사용할 수 있는 시간은 하루에 고작 4시간도 안 되는 셈이다. 이 사실을 항상 기억하자. 텔레비전을 보거나 동료들과 한잔하는 시간을 쓸모없는 시간이라고 말하는 게 아니다. 다만 예정에 없던 일로 시간을 헛되이 쓰는 것은 한 번뿐인 인생의 가치를 제 손으로 깎아먹는 것과 같다는 것을 자각해야 한다.

시간을 낭비하면 운도 날아간다. 그렇다고 분 단위로 촘촘하게 일정을 잡는 것이 제대로 된 시간 사용법은 아니다. 오히려 배차 시간표처럼 빡빡한 스케줄은 스스로를 끊임없이 시간에 쫓기게 만든다. 일정과 일정 사이에 여백을 마련하여 한숨 돌릴 시간을 확보하자. 그 덕분에 여유가 생기면 결과적으로 시간을 더 효율적으로 쓸 수 있다.

잊지 말아야 할 것은 '어떤 경우에도 인생의 주인공은 자신'이라는 점이다. 시간은 내 인생의 가장 중요한 자산이다. 그러니 시간도 가능하면 내 뜻대로 자유롭게 사용하자. 대부분의 직장인은 '근무시간'이라는 틀에 매여 있다. 그러나 '근무시간' 대신 '일하는 시간'이라는 의식을 갖고 본인의 페이스대로 열심히 일하는 것이 더 중요하다. 다양한 연구와 검토를 거친 결과, 가장 효율적인 근무시간은 8시간이라고 한다. 일이 너무 많아서 야근을 했는데 생각보다 일에 집중하지 못한 경험이 있을 것이다. 이처럼 일을 너무 오래 하면 집중력이 떨어져서 오히려 시간만 낭비하게 된다. 이처럼 시간의 질이 떨어진 상태에서는 운이 좋아질 가능성이 낮다.

'프랑프랑Francfranc'은 센스 있는 가구와 인테리어 잡화 등 폭넓은 아이템으로 국내외 130개 이상의 점포를 갖춘 인기 생활용품 숍이다. 이 회사의 다카시마 후미오 사장을 몇 번 만날 기회가 있어 인기의 비결을 물었더니 기획회의를 열면 톡톡 튀고 재미있는 아이디어가 끊임없이 터져, 그렇게 기획된 상품이나 프로모션이 대박을 치는 경우가 많다고 답했다. 기획회의에서 이런 아이디어가 쏟아져 나올 수 있는 비결은 퇴근시간이 되면 즉시 하던 일을 접고 그때부터 철저히 개인 시간을 갖는 회사의 퇴근문화 때문이라고 한다.

다카시마 사장은 '개인 시간이 충분하지 않으면 일을 잘할 수 없다.'라는 지론을 갖고 있다. 그 역시도 주말이나 휴가에는 트라이애슬론(철인3종경기) 같은 취미를 신나게 즐긴다. 최근에는 본인의 생각을 전사적으로 확대했다. 오후 7시 이후에는 본사의 전기를 일제히 소등해 야근을 할 수 없는 시스템으로 바꾼 것이다.

"직원들도 제시간에 일을 마치고 개인 시간을 최대한 즐겼으면 좋겠다. 그래야 일도 잘할 수 있다. 그 결과, 상승 기류를 타고 운도 따라온다."

다카시마 사장은 이렇게 확신하고 있었다.

마음의 여유가 자신감으로

요즘은 지각을 하면서도 미리 문자를 보냈다며 태연하

게 나타나는 사람이 많다. 약속시간에 늦긴 했지만 사전에 연락했으니 지각이 아니라고 생각하는 것이다. 하지만 비행기나 기차라면 어땠을까. 비행기나 기차는 정해진 시간이 되면 무조건 출발한다. 회의도 마찬가지다. 상사들이 쭉 앉아 있는 회의실에 늦게 들어가는 것만큼 땀나는 일은 없을 것이다. 물론, 회사 내 회의와 친구와의 약속이 똑같은 정도로 중요하다고 말하는 것은 아니다. 다만 '문자를 보냈으니 지각해도 괜찮다.'는 안이한 생각은 반드시 고쳐야 한다. 일분일초가 모여 인생이 된다. 시간은 그만큼 소중하다. 지각은 상대방의 귀중한 시간을 빼앗는 행위이기 때문에 굉장히 무례한 것이며 사과한다고 해도 돌이킬 수 없다.

'지각은 버릇'이라는 말이 있다. 지각은 일종의 습관인 것이다. 지각하는 사람은 매번 지각을 하고, 안 하는 사람은 늘 안 한다. 자신에게 지각하는 버릇이 있다면 평소 습관을 개선하여 고칠 수 있다는 것을 스스로에게 말해주자. '나갈 때 필요한 것은 전날 완벽하게 준비해둔다.', '약속 시간 10분 전에 도착할 수 있도록 시간을 계산하고 출발한다.' 이 2가지만 명심하면 지각하는 버릇을 고칠 수 있다.

조금 먼저 도착해서 상대를 기다리면 마음에 여유가 생긴다. 눈에 비치는 경치도 달라진다. 자료를 다시 훑어볼 수도 있고, 데이트가 있다면 주변 상점을 가볍게 체크해볼 수도 있다. 만약을 위해 화장실에 가고 옷매무새도 다듬을 시간이 확보된다. 이런 과정을 통해 기분도 달라진다. 마음의 여유는 자신감으로 이어져 반드시 좋은 결과를 가져다줄 것이다. 이런 이유 때문일까. 지각하는 버릇을 고쳤을 때 운도 덩달아 좋아지는 경우가 많다.

06

깨끗한 현관이
대운을 부른다

'좋은 기운'이 들어오는 집의 공통점

'풍수'는 고대 중국에서 전해 내려오는 '환경개운학環境開運學'이다. 요컨대, 집의 어느 방향에 무엇을 배치하는 것이 좋은지에 대한 지혜를 가르쳐준다. 그런데 풍수에서 가장 중요한 것은 배치가 아니라 정리정돈이라고 한다. 집이 어지럽혀져 있으면 기운의 흐름이 막히고, 나쁜 기운이 눌러앉아서 좋은 기운이 못 들어온다는 것이 풍수의 기본 개념이다.

요즘 들어 운이 안 좋다고 느껴진다면 방이 지저분하지 않은지 먼저 체크해보자. 특히 현관은 운이 드나드는 곳이다. 그런 곳이 어수선하고 더러우면 모처럼 운이 찾아왔다가도 도망친다. 벗어둔 신발이 아무렇게나 나뒹굴고 우산이 방치되어 있지는 않은가. 만약 그렇다면 지금 당장 깔끔하게 정리해보자. 현관이 좁다는 것은 핑계다. 1명당 신발 1켤레만 꺼내놓고 나머지는 나갔다 들어온 즉시 신발장에 집어넣는 버릇을 들이자. 현관 바닥도 매일 청소하자. 바닥을 닦아보면 알겠지만 신발에서 떨어진 흙 때문에 생각보다 많이 지저분하다.

또한 풍수지리 전문가들은 부엌이 가족의 운과 금전운을 좌우하는 중요한 장소라고 말한다. 부엌에 지저분한 식기와 냄비, 프라이팬 등이 놓여 있지 않은가? 대가족이 아니라면 식기 개수를 줄이자. 식사가 끝나면 물에 오래 담가두지 말고 바로 설거지하는 것이 훨씬 좋다. 설거지한 식기는 물기를 닦아 정해진 위치에 보관하자. 설거지 후에 식기를 건조대에 두는 사람도 많을 텐데, 그건 단지 처박아 놓은 것일 뿐이지 정리가 아니다.

일류 요리사들은 조리와 정리를 동시에 한다. 음식이 완성됐을 때는 이미 조리 도구 설거지와 조리대 정리가 끝나 있다. 가족끼리 돌아가며 설거지나 주방 정리를 하는 방식도 추천한다. 아이들에게 '바로 치우는 습관'을 심어주면 평생의 재산이 된다.

물건을 쌓아두면 운은 떠나버린다

아까운 마음도 이해하지만 사용하지 않는 물건을 쌓아 두면 운이 약해진다. 옷장과 벽장을 차지하고 있는 '안 입 는 옷'은 마이너스 효과만 가져온다. 옷장을 자주 점검하여 두 계절 이상 안 입은 옷, 가방, 신발 등이 있다면 미련 없 이 처분하자. 옷장이 부족하다면 옷이 지나치게 많은 것이 다. 무엇이든 약간 부족한 것이 좋다. 가득 채우지 말고 여 유를 두자. 욕망은 조금만 방심해도 부풀어 오른다.

쓸 만한 물건을 재활용하거나 무료로 나눠주면 더 좋은 운이 돌아온다고 한다. 세제나 휴지를 쌓아두고 사는가? 근처에 마트나 슈퍼가 있다면 절반쯤 남았을 때 사도 충분 하다. 생활용품을 과하게 쟁이는 이유는 '떨어졌을 때 당장 사러 갈 상황이 안 될까 봐' 불안하기 때문이다. 매일 불안 과 걱정 속에서 사는 사람은 운이 좋아질 수 없다.

운은 기와 에너지의 흐름이다. 실내가 정돈되어 바람이

시원하게 지나갈 수 있는 넓고 환한 환경이 마련되지 않으면 기와 에너지가 원활하게 흐를 수 없다. 불필요한 물건을 처분하면 기와 에너지의 흐름이 좋아진다. 불필요한 여분의 물건을 쌓아두는 사람은 공간을 일부러 비좁게 만들어 운이 나빠지게 한다는 사실을 깨달아야 한다.

기운이 잘 흘러야 운도 강해진다

머리로는 알겠는데 도무지 버리지 못하겠다는 사람도 적지 않다. 이런 사람은 대개 물건뿐 아니라 다방면으로 집착이 매우 강하다. 한번 손에 들어온 것을 놓아주려면 누구나 단념이 필요하다. 새것을 갖고 싶으면 먼저 쥐고 있던 것을 기분 좋게 놓아줘야 한다. 양손 가득 쥐고 있는 한 새것은 절대 가질 수 없다.

우선 버리자. 거기서 새로운 발걸음이 시작된다. 인생에도 신진대사가 필요하다. 버릴 수 있는 결단과 용기가 새로운 기를 불러들이고 그 결과, 운도 새로운 기운을 얻어 더욱 강해진다. 그 과정을 이해하면 마음먹기가 쉽다. 물건에만 해당되는 이야기는 아니다. 과거의 잊고 싶은 기억, 불필요한 집착, 과한 자의식도 모두 버리자. 평생에 플러스가 안 되는 것들이다.

인생은 끝없이 흐르는 강과 같다. 흐르는 물에 무언가 남아 있으면 흐름에 방해가 된다. 아무 상관없어 보이겠지만 안 쓰는 물건을 버리는 것과 삶의 흐름을 방해하는 물건을 버리는 것은 일맥상통한다. 일단 아무 생각 말고 과감하게 버리자. 후련하고 뿌듯한 마음에 아마 스스로도 놀랄 것이다.

07

고난은
대운이 트이는 기회다

강운으로 이어지는 기회

어느 호텔 가맹점 사장과 일한 적이 있다. 그는 작은 료칸(일본 전통 숙박시설)으로 시작하여 35년간 전국에 100개 이상의 비즈니스호텔 가맹점을 일구어냈다. 최근에는 아시아를 중심으로 해외에도 체인망을 넓히고 있다. 그는 이전부터 동일본 대지진, 구마모토 지진 등 몇 차례의 큰 자연재해를 겪었다. 사업체가 전국에 걸쳐 있어서 번번이 큰 피해를 입었다. 호텔 건물이 기울고 균열이 생기는 등의 실질적인 피해도 있었지만, 재해가 발생하면 관광객이 한순간에 줄어든다. 그 피해도 만만치 않았다. 하지만 그는 "고난이 기회입니다."라며 호탕하게 웃었다.

어떻게 보면 자연재해는 매우 공평하다. 그의 호텔만이 아닌, 동종 업계 모두가 타격을 입기 때문이다. 그러나 이 것을 어떻게 극복하느냐에 따라 앞날이 달라진다. 그래서 그가 고난을 '다음 강운으로 이어지는 기회'라고 단언한 것이다.

에베레스트에 3번 도전한 사람

눈앞에 편한 길과 험한 길이 있다면 누구나 편한 길을 택하지 않을까. 하지만 사람들은 정확히 알아본다. 때문에 이럴 때 험한 길로 가는 사람을 높이 평가한다. 뛰어난 경영자들은 예외 없이 그런 길을 걸어왔다. 그들은 고난을 두려워하지 않고 위험을 가치 있게 여긴다. 유쾌하게 헤쳐 나가면 반드시 달콤한 결과가 기다린다.

우리는 목표를 이루지 못했을 때 그것을 실패로 단정하지만 어떤 일이든 거기서 끝나지 않는다. 반드시 계속된다. 이때 성공 경험보다 실패 경험이 몇 배, 몇 십 배 더 큰 도움이 된다는 사실을 기억하자.

등산가 노구치 겐은 젊은 시절 에베레스트 등정에 2번

실패했다. 많은 비용이 드는 일이라 실패할 때마다 미디어의 비난이 쇄도했다고 한다. 비난의 집중포화를 맞으면 누구나 주눅 들기 마련이다. 그 역시 억울함에 몸이 떨렸지만 냉정함을 유지하며 그 비난들을 모두 공책에 적었다. 일주일마다 공책에 적은 내용을 다시 읽으면서 그는 비난에도 '의미 있는 비난'과 '비난을 위한 비난'이 있다는 것을 알게 되었다고 한다. 의미 있는 비난 중에서도 핵심을 찌르는 부분은 붉은 펜으로 체크하며 곱씹었다. 그리고 자신의 약점, 부족한 점을 깨달은 노구치 겐은 3번째 도전에서 에베레스트 등정에 멋지게 성공했다.

미국의 사업가 헨리 J. 카이저는 '고난은 작업복을 입은 절호의 기회'라고 했다. 모처럼 찾아온 절호의 기회를 놓치지 말자.

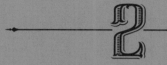

계속해서 돈을 끌어당기고
쓸수록 돈이 모이는 금전운

돈은 모으는 것도 중요하지만 사회에 잘 흐르게 하는 것도 중요하다.
돈을 센스 있게 다루는 사람은 돈을 소중하게 여기는 사람이며,
그런 사람은 자연히 금전운도 좋아진다.
큰돈을 부르는 금전운은 그것을 감당할 수 있는 사람에게 찾아오는 법이다.

08

금전운은 감당할 수 있는 사람에게 찾아온다

복권을 사야 하나, 말아야 하나

한 주택 관련 리서치 회사에서 '운'에 관한 흥미로운 조사를 한 적이 있다. '어떤 운을 가장 원하는가?'라는 질문에 응답자들은 첫 번째로 금전운(40.4%)을 꼽았다. 건강운(24.1%)과 직업운(10.7%)이 그 뒤를 따랐다. 무엇보다 금전운이 강해졌으면 좋겠다는 결과에 나도 깊이 수긍했다. 돈이 있으면 원하는 대로 살 수 있다. 무엇이든 내 뜻대로 할 수 있다. 그러면 갈수록 운이 좋아져서 못 이룰 행복과 꿈이 없을 것처럼 느껴진다. 역시 돈은 최고의 힘이다. 조사결과는 많은 사람이 이렇게 생각한다는 증거일 것이다. 그런데 이 조사에서는 어쩐지 애정운이 잠잠하다. '직업운'을 원하는 사람이 10% 남짓이라는 것도 뜻밖이다. 예전에는 직업운이 좋아서 일을 잘하면 부자가 될 거라고 생각하는 사람이 많았다. 그러나 이제는 많은 이들이 열심히 일해봐야 누가 알아주지도 않고, 수입이 금방 늘지도 않는다는 현실을 깨달은 것인지도 모른다.

그렇다면 금전운이 좋은 사람은 어떤 사람일까? 먼저 복권에 당첨된 사람이 떠오른다. 5억 엔(약 51억 원)에 당첨되면 50년 동안 매달 80만 엔(약 800만 원) 이상을 자유롭게 쓸 수 있다. 실제로 그런 일이 생긴다면 얼마나 좋을까. 나 역시 그런 금전운이 탐난다. 특히 일본에서는 1년에 시즌별로 5번만 발행되는 점보 복권이 발행되는 기간에 엄청난 사람들이 복권 판매대 앞에 줄을 선다. '1억 엔(약 10억 원)에 당첨된 집!'으로 알려진 매장에 가기 위해 멀리서 전철을 타고 오는 사람도 있다고 하니 놀라울 따름이다. "그 에너지를 일에 쓰는 게 어때?"라고 말하고 싶지만 평범한 직장인이 어느 세월에 당첨금에 맞먹는 7억 엔(약 71억 원)을 벌겠는가. 사실상 불가능에 가깝다.

일확천금의 무게

고액 복권의 당첨자는 상금과 함께《그날부터 읽는 책》을 함께 받는다고 한다. 이 책은 갑자기 큰돈을 얻게 된 사람의 마음가짐에 관한 책이다. 상금을 주는 쪽에서 이런 책까지 마련할 정도니 고액 당첨자 중에는 평탄치 않은 인생을 보내는 사람이 많은 모양이다.

책에는 '혼잣말이라도 당첨 사실을 누설하면 소문날 각오를 하라.'는 내용이 있다. 즉, 큰돈이 생겨서 기쁘고 행복하겠지만 '이제 궁상떨지 않아도 돼. 마음껏 쓰고 살아야지.'라는 생각은 속으로만 하라는 것이다. 또한 사치스러운 생활을 해서는 안 된다는 내용도 있다. 평범하게 살던 사람이 갑자기 비싼 아파트를 사고 고급 차를 타면 주변에서 배 아파할 것이 뻔하기 때문이다. 실제로 고액 복권에 당첨된 사람들은 어떻게 될까?

실화를 바탕으로 만든 '로또 6으로 3억 2천만엔에 당첨된 남자'라는 드라마가 있다. 주인공은 로또 당첨 후 불면증과 대인기피증을 얻게 된다. 급기야 정신까지 이상해져 1만 엔짜리 지폐로 학을 접으며 하루하루를 보낸다는 내용이다. 실제로 이와 같은 사람이 잇따라 등장한다. 당첨된 돈으로 주식투자를 하여 1억 엔(약 10억 원)이나 손해를 본 최악의 경우도 있다고 하니, 큰돈을 쥐면 희비가 교차하는 것 같다. 아니, 오히려 마지막이 비극적으로 끝나는 경우가 더 많은 듯해 안타깝다. 참고로 고액 복권에 당첨될 확률은 1,000만 분의 1이라고 한다. 그런 행운을 바라면서도 막상 당첨됐을 때 당첨금을 찾아가지 않는 경우도 있다고 한다. 그런 돈이 무려 1년에 20억 엔(약 200억 원)에 육박한다. 대개는 자신이 당첨된 사실을 모르거나, 자신의 복권번호와 당첨번호를 잘못 비교한 경우다. 그중에는 큰돈을 감당할 수 없어 주저하는 사람도 있다고 하니 이 또한 슬픈 현실이다. 갑자기 벼락부자가 되는 것은 그만큼 무서운 일인 것이다.

타고난 금전운을 바꿀 수 있을까?

영어식 표현 중에 '은수저를 물고 태어났다.'라는 말이 있다. 중세 유럽의 귀족들은 아기가 태어나면 은수저로 젖을 먹이던 풍습이 있었는데, 그 은수저로 첫 식사를 하면 평생 밥은 안 굶고 산다는 믿음이 만들어낸 표현이다. 그때부터 '은수저'는 부잣집에서 태어난 자녀를 나타내는 말이 되었다고 한다. 최근에는 '금수저'부터 '흙수저'까지 다양하게 확대되었다.

"계몽 사상가 후쿠자와 유키치는 '하늘은 사람 위에 사람을 만들지 않고 사람 밑에 사람을 만들지 않는다.'라고 했지만 말도 안 되는 소리야. 부잣집 출신이랑 가난한 집 출신은 태어나는 순간부터 천지 차이라는 게 그 증거지."

은수저로 태어나지 못한 나는 부러운 나머지 비슷한 환경의 친구와 종종 이런 이야기를 했다. 도쿄대 출신 부모의 연 수입은 유자녀 가구의 평균 소득을 300만 엔(약 3,000만 원)이나 웃돈다고 한다. 당연히 자녀들의 앞날은 달라질 수밖에 없다. 그렇다면 금전운은 태어날 때부터 결정되는 것일까? 대기업 창업주 집안에서 태어나 부모는 억만장자인 데다, 도쿄대 졸업 후 부모 뒤를 이어 부사장, 사장으로 승승장구한 사람이 있다. 그는 누가 봐도 좋은 환경을 타고났음에도 도박에 빠져 회사 돈 105억 엔(약 1,000억 원)을 불법 대출한 특별배임 혐의로 체포되고 말았다. 이 일은 수년 전모 제지 회사에서 실제로 일어났던 사건이다. 서민 출신인 나로서는 있는 사람들이 더하다는 생각도 든다. 물론 부모와 선대가 쌓아올린 자산과 사업을 잘 일구어 더 큰 결실을 맺은 사례도 많지만 돈을 쉽게 손에 넣는 인생을 산다면 웬만한 일에 감동받을 일도 없을 것이고 모든 것이 시시하게 느껴지지 않을까. 그래서 그들이 더 스릴 넘치고 자극적인 인생을 살려다가 도박에 중독됐는지도 모른다.

09

'어차피 나는 월급쟁이니까….' 하는 생각을 버려라

헝그리 정신을 가진 자만이 누리는 특권

사람이 눈부신 성장을 이루는 원동력 중 하나가 바로 '헝그리 정신'이다. 먼저 헝그리 정신은 가난한 집에서 태어나는 것과는 관계없다는 것을 말해둔다. 애플의 창업자 스티브 잡스가 한 말인 "Stay hungry, Stay foolish."에서의 'hungry'도 '가난'으로 해석하지 않는다. 나는 이 말을 "탐욕스럽게 갈망하라. 목표로 돌진하는 기개를 가져라."로 해석한다. 유감스럽게도 모든 것이 다 갖춰진 부잣집에서 태어나면 헝그리 정신을 기대하기 어렵다. 사실이 그렇다. 가만히 있어도 원하는 것을 얻을 수 있기 때문이다. 아니, 원하기 전에 무엇이든 주어진다. 날 때부터의 환경이 그렇다면 '더 열심히 해야겠다.'는 생각을 하기가 어렵다. 열심히 노력해서 원하던 무언가를 마침내 손에 넣었을 때의 그 기쁨은 말로 다할 수 없다. '은수저를 물고 태어난 사람'은 그러한 기쁨을 맛보기 어렵다. 헝그리 정신의 소유자만이 누릴 수 있는 특권이다. 운은 그러한 기쁨을 거름 삼아 점점 몸집을 키운다.

연봉이 1만 배 높아진 이유

'난 평범한 월급쟁이인데 무슨 수로 금전운을 키우겠어.'라며 비관할 필요는 없다. 발표에 따르면 소니가 2018년 히라이 가즈오 회장에게 지불한 보수는 27억 1,300만 엔(약 280억 원)이다. 퇴직금 11억 8,200만 엔(약 120억 원)과 스톡옵션(자사 주식 구입권)이 포함된 금액이다. 히라이 회장은 바닥에서 허덕이던 소니를 일으켜 'V자' 회복을 일구어낸 주역이다. 그 공적을 인정한 것이니 당연할 수 있겠지만 이는 소니 역사상 전대미문의 액수라고 한다. 일개 봉급생활자에게는 아찔할 정도의 숫자다.

2018년 3월 결산 발표에 따르면 일본의 상장 기업에서

1억 엔(약 10억 원) 이상의 보수를 받은 임원은 500명 이상이다. 물론 임원이 되는 길은 멀고도 험한 여정이다. 하지만 직장인도 열심히 노력한다면 아예 이룰 수 없는 꿈은 아니기에 가슴이 설레기도 한다. 이들의 월급도 처음에는 몇만 엔에 불과했다.

야구선수 스즈키 이치로는 일본 운동선수 중 가장 많은 돈을 번 것으로 알려져 있다. 그동안 야구로 벌어들인 돈만 200억 엔(약 2,000억 원)에 달하며 광고 수익까지 합치면 300억 엔(약 3,000억 원)은 될 것이다. 하지만 이치로가 프로에 입단할 당시의 계약금은 400만 엔(약 4,000만 원), 연봉은 430만 엔(약 4,400만 원)이었다. 해마다 성적을 쌓아 마침내 300억 엔(약 3,000억 원)을 손에 쥔 것이다.

일본의 한 조사에 따르면 현재 봉급생활자의 생애 임금은 약 2억 5,317만 엔(약 26억 원)이다. 대졸자가 60세까지 근무할 경우의 총액이다. 여기에 퇴직금 평균액 2,175만 엔(약 2억 2,000만 원)을 더하면 2억 7,492만 엔(약 28억 원)이 된다. 봉급생활자의 생애 임금은 근무지와 승진에 따라 차이가 있다. 그러나 대체로 3억 엔(약 30억 원) 안팎이다. 봉급

생활자도 꿈을 가질 수 있다고 해 놓고 찬물을 끼얹어 왠지 미안한 마음이 들기도 하지만 여기에는 마음가짐이 아주 큰 영향을 미친다.

히라이 회장의 27억 엔(약 277억 원)은 2018년도 수입이다. 알려진 바로 사장직에 취임한 2013년에는 2억 180만 엔(약 20억 원), 2014년에는 3억 5,920만 엔(약 37억 원)을 받았다고 한다. 최근에는 매년 고액의 보수를 받고 있으니 생애 연수입은 얼마나 많겠는가. 그의 고수입을 '나와는 인연 없는 숫자'로 볼 것인가, '열심히 하면 이룰 수 있는 숫자'로 볼 것인가. 거기서 금전운이 크게 달라지는 것이다. '어차피 나는 월급쟁이니까…'라며 처음부터 행운의 뚜껑을 닫아버린다면 그 순간 발전도 멈추고 운의 성장도 멈춘다.

10

돈에도, 운에도
흐름이 있다

가난하면 아둔해진다

돈이 무엇이라고 생각하는가? 돈을 대하는 가치관이 올바른지를 묻는 것이다. 이것이 금전운을 좋게 하는 열쇠다. 적어도 현대 사회에서는 돈 없이 아무것도 할 수 없다. 누구나 알고 있을 것이다.

'가난하면 아둔해진다.'는 말이 있다. 이는 사치를 부리며 살라는 뜻이 아니다. 작가가 허구한 날 먹고사는 데만 급급하면 작품에도 궁핍한 마음이 배어 나오게 된다. 꾸준한 창작 활동을 하기 위해서는 어느 정도의 돈이 필요하다. 예술과 돈의 관계는 옛날부터 상당히 어려운 문제였다. 봉건 시대의 화가와 음악가는 대부분 군주나 귀족에게 고용

되어 작품을 만들었다. 하지만 봉건제도가 무너지면서 예술가들은 의지할 곳을 잃게 되었다. 즉, 창작도 하고 돈도 벌어야 할 형편이 되어버린 것이다. 그런 점에서 고흐와 피카소는 '부자의 비호를 받지 못한 시대의 화가'라는 공통점이 있지만 그들 삶의 면면은 매우 대조적이었다.

고흐에겐 없고 피카소에겐 있던 것

고흐와 피카소는 보기 드문 천재성을 타고났다. 고흐는 현재 세계에서 가장 비싼 값에 작품이 거래되는 화가이다. 그의 걸작 중 하나인 '폴 가셰 박사'는 180억 엔(약 1,845억 원)에 낙찰돼 전 세계를 놀라게 했다. 하지만 알려진 대로 그는 생전에 그림을 단 1점밖에 팔지 못했고 죽을 때까지 동생에게 신세를 지며 어렵게 살았다. 하지만 피카소의 아틀리에는 작품을 서로 차지하려는 미술상들로 항상 북적댔다. 물론 피카소는 고흐보다 장수했고, 작품이 더 많다. 그러나 이는 굉장히 극단적인 모습이다. 자연히 피카소는 어마어마한 돈을 쥐게 되었다. 그럼에도 왕성한 창작욕을 과시하며 잇따라 작품을 내놓았다. 그러한 선순환이 구축되자 돈이 돈을 낳았다. 피카소의 유산은 무려 7,500억 엔(약 7조 6,864억 원)이었다. 그야말로 천문학적인 금액이다.

돈의 본질을 알아야 금전운이 잡힌다

둘 모두 '천재 화가'라는 평을 들었는데도 불구하고 돈에 관해서는 왜 이토록 큰 차이가 나는 것일까. 책《왜 고흐는 빈털터리였고 피카소는 부자였을까?》에서 그 이유를 흥미롭게 분석했다. 미술평론가가 아닌 경영 컨설턴트인 이 책의 저자는 돈을 대하는 자세가 잘못되면 고흐와 피카소처럼 인생에 격차가 벌어진다는 것을 말해주고 있다.

저자에 따르면 피카소는 '돈이란 무엇인가?'에 관심이 많았고 돈의 본질을 제대로 이해한 사람이었다고 한다. 그 것이 두 사람의 금전운을 크게 갈라놓았다. 고흐는 '나는 화가다. 좋은 그림을 그리는 것, 그것만이 내 사명이다.'라는 생각에서 한 발짝도 벗어나지 못했다. 고흐는 그림을 그리는 데만 열중했고 판매의 의미나 방법에 대해서는 생각해본 적이 없었다. 그저 모든 것을 미술상인 동생에게 맡겼다. 그러면서도 자신의 그림이 안 팔리는 것에 대한 괴로움과 번민에 끊임없이 시달렸다. 그 때문에 광기에 사로잡혀 급기야 자신의 귀를 잘라버리기도 했다.

피카소는 정반대였다. 새로운 그림을 완성하면 미술상들을 불러 모아 작품의 의도와 배경을 자세히 설명하며 그림에 서사를 부여했다. 한편으로는 미술상을 한 자리에 부르면 그들끼리 경쟁한다는 것도 계산하고 있었다. 피카소는 자기 작품의 판매자를 자처한 데다 작품의 가격을 올리는 수완도 탁월했다. 그가 가격 올리기에 집착한 이유는 작품의 가치를 돈으로 바꿀 수 있다는 것을 알았기 때문이다. 피카소는 '나는 화가다. 화가는 그림을 팔아야 한다.'고 생각했다. 그리고 그림을 잘 팔기 위해서는 구매자를 만족시켜야 한다는 사실도 깨달았다. 그 만족감이 지갑을 열어 돈을 쓰는 행위로 이어지기 때문이다.

'마음'이 '돈'으로 바뀌는 지점

저자는 고흐와 피카소를 통해 '돈은 사람의 마음에 따라 움직이는 소통 수단'이라는 것을 말하려는 것이 아니었을까. 마음 가는 데 돈도 가는 법이다. 사람들은 뛰어난 작품이라고 해서 돈을 쓰지 않는다. '그림이 얼마나 만족감을 주는가.', '진심으로 만족스러운가.', '그림에 얽힌 이야기가 있는가.', '그 속에 창작자의 얼굴과 마음이 보이는가.' 등이 충족됐을 때 구매자의 마음은 흔들린다. 여기가 '그림'이 '돈'으로 바뀌는 지점이다.

그러한 의미에서 돈은 웃는 얼굴, 감사의 한 마디와 같은 의미, 같은 가치를 지닌다. 상대의 마음을 더 많이 움직이는 쪽이 더 큰돈을 얻는 것이다. 그것을 이해한 피카소는 막대한 돈을 손에 쥐었다. 반면, 돈의 본질에 관심이 없었던 고흐는 평생 가난에 허덕이며 쓸쓸히 죽어갔다.

돈을 원한다면, 금전운이 트이기를 원한다면 사람의 마음을 어떻게 움직이고, 얼마나 만족시킬 수 있는지 고민하고 행동하는 것이 중요하다.

존재감이 금전운을 끌어당긴다

삶에 임하는 태도에 따라 금전운이 바뀔 수 있다. 주어진 일을 그저 묵묵히 해내는 사람은 고흐파다. '나는 화가니까 좋은 그림을 그리는 것이 나의 미션'이라고 생각하는 타입이다. 미션을 제대로 수행하는 것은 훌륭하지만 주위 사람들과 어울리지 못하고 늘 껍데기 안에 갇혀 있으면, 자신이 어떤 사람인지 어필할 수 없다. 즉, 존재감을 드러내지 못한다. 존재감이 없으면 타인의 마음도, 돈도 끌어당길 수 없다. 금전운은 물론 다른 운까지 빛을 잃는다.

반면 피카소파는 일 하나를 마쳐도 "나름대로 최선을 다했어! 내 자신이 너무 대견해!" 하고 밝은 목소리로 거침없이 어필한다. 동료의 일이 덜 끝났을 때는 "도와줄 거 없어? 난 끝나서."라고 말을 걸기도 하며, 프로젝트가 끝났을 때는 "오늘 한잔 어때?" 하고 권한다. 그렇게 동료와 소통하며 오늘 업무 중 자신이 어떤 아이디어를 반영했는지 설명한다. 이는 피카소가 그랬던 것처럼, 일의 결과에 서사성을 더하는 작업이다. 일 외에도 나는 어떤 사람이고, 무슨 일을 해왔으며 앞으로 어떤 일을 하고 싶은지 다양한 이야기를 나눔으로써 주변 사람들과 연결고리가 생긴다. 그 고리가 점점 커지면서 자연스럽게 운이 트이는 것이다.

11

돈과 관련된
민감한 밸런스를 이해하라

돈만 있으면? 돈 따위 없어도?

"남자가 그 여자를 얼마나 좋아하는지는 쓰는 돈의 액수로 알 수 있어요."

아무렇지 않게 이런 말을 하는 여성이 있다. 여성의 콧대가 아무리 높아도 값비싼 선물 공세를 펼치면 대부분 넘어온다고 장담하는 남성도 있다. 나에게 위의 말을 했던 여성은 부잣집으로 시집가 누구나 부러워하는 결혼 생활을 했지만 몇 년 안 돼 파경을 맞았다. 그녀는 다시 서민의 삶으로 돌아왔지만 결혼이 아주 헛된 경험은 아니었다. 몇 년간의 결혼 생활 동안 돈의 본질을 깨달았기 때문이다.

세상일은 대부분 돈으로 어떻게든 된다. 이것은 물론

진실이지만, 그저 일면의 진실일 뿐이다. 돈으로 할 수 없는 일이 분명 있기 때문이다. 그녀는 그 사실을 뼈저리게 깨달았다. 부유한 시집 식구들은 돈이면 무엇이든 할 수 있다고 생각했다. 때문에 오히려 행복에서 멀어진다는 것을 이해하려 들지 않았다. 아이러니하게도 그녀는 그 모습을 보며 돈으로 할 수 없는 일도 있다는 것을 알게 되었다. 사실 인생에서 큰 의미를 갖는 일들은 대부분 후자다. 그렇게 양쪽의 간극은 벌어질 대로 벌어져 파경을 맞이할 수밖에 없었다.

'돈만 있으면 어떻게든 된다.'거나 '돈 따위가 없어도 어떻게든 된다.'는 말은 모두 틀리다. 양쪽 모두에 적당히 가까운 감각을 유지하는 것이 중요하다. 돈을 과대평가하거나 과소평가하지 않고 올바른 균형 감각으로 돈을 벌면 삶이 서서히 좋은 방향으로 흘러가 결국은 운 좋은 삶을 살 수 있다.

그렇다면 사랑의 증표라 할 수 있는 약혼반지의 요즘 시세는 얼마일까? 일본에서 실제 약혼반지 구매자를 대상으로 설문 조사를 한 결과, 평균 가격은 34.7만 엔(약 350만 원)이었다. '20만 엔(약 200만 원) 이상, 30만 엔(약 300만 원) 미만'의 가격대가 가장 많았다고 한다. 10년 전, 3개월 치 월급에 맞먹었던 금액보다 훨씬 저렴해진 것이다. 그렇다고 애정이 부족한 것이 아니다. 요즘 젊은이들이 돈과 애정의 민감한 밸런스를 올바르게 이해하고 있다고 생각하니 왠지 조금 다행스럽다.

테레사 수녀의 돈 욕심

테레사 수녀는 '가난한 이들을 위해 일하는 것'을 사명으로 여긴 사람이다. 콜카타에서 가난한 아이들을 위한 무료 학교를 열고 무료 의료 시설과 호스피스를 설립하는 등 인생 전부를 약자에게 바쳤다. 그래서 '사랑의 사도'로 불렸지만, 사실 그녀는 돈 욕심 또한 꽤 많았다.

어느 날, 세계적인 부호가 테레사 수녀에게 롤스로이스를 보내겠다고 제의했다. 사람들은 청렴결백의 상징인 그녀가 절대 그런 차를 받을 리 없다고 생각했다. 하지만 그녀는 롤스로이스를 마다하지 않았다.

"뭐야, 테레사 수녀는 가난한 사람 편 아니었어? 유명해

지더니 부자들이 타는 차가 탐난 거야?"라며 비난의 회오리가 몰아쳤다. 하지만 테레사 수녀가 롤스로이스를 받은 것은 자신이 그 차를 몰기 위함이 아니었다. 차를 되팔지도 않았다. 그녀는 롤스로이스를 1등 상품으로 걸고 '테레사 수녀 복권'을 팔아서 자동차 가격보다 몇 십 배 많은 돈을 모았다.

그녀가 노벨평화상을 받았을 때도 테레사 수녀는 지인들이 계획한 축하 파티를 거절하며 파티에 들일 비용을 자신에게 달라고 했다. '사랑으로 산다.'는 말은 울림이 참 아름다운 말이다. 하지만 실제로 봉사활동을 통해 사랑을 주기 위해서는 직원 식비부터 의약품 구입비, 건물 유지비 등 어마어마한 돈이 든다. 그만한 돈이 확보되어야 비로소 충만한 사랑을 주는 것이 가능하다. 시설의 운영자였던 테레사 수녀는 누구보다 그것을 뼈저리게 이해하고 있었다. 이 이야기는 돈의 참모습을 잘 보여주고 있다.

금전운의 선순환

사실 테레사 수녀는 이처럼 돈에 매우 엄격한, 현실적인 사람이었다. 독실한 가톨릭 신자로 알려진 작가 소노 아야코도 테레사 수녀에게 "입장료를 내세요."라는 말을 들었다고 밝혔다. 더구나 그녀는 기부금을 전달하기 위해 간 터라 다소 당황했던 모양이다. 테레사 수녀에 대한 이런 이야기는 파다하지만 아무도 테레사 수녀를 나쁘게 여기지 않는다. 그녀가 돈에 집착한 것은 언제나 자신이 아닌 타인의 행복을 위한 것임을 알기 때문이다.

항상 타인의 행복을 먼저 생각하고 행동하는 사람은 자연히 금전운이 좋아지는 법이다. 타인의 행복을 생각하면 뇌에서 '행복 호르몬'이 왕성하게 분비되어 인생을 점점 바람직한 방향으로 이끌기 때문이다. 행복 호르몬이라 불리는 옥시토신은 최근 발견된 뇌 호르몬의 일종이다. 이 호르몬은 타인과의 관계에서 행복을 느끼면 더욱 왕성하게 분비되는 특징이 있다. 옥시토신 분비가 왕성해지면 행복감을 느끼게 되고 다시 옥시토신 분비가 왕성해진다. 즉, 옥시토신은 운이 트이는 선순환을 거의 자동으로 실현하는 호르몬인 셈이다.

'나는 테레사 수녀가 아니야. 항상 다른 사람의 행복만 생각할 수는 없어. 나는 가엾고 평범한 인간이라서 무엇보다 내가 행복하기를 원해.' 이렇게 뻣뻣하게 굴지 말고 원하는 것이 있다면 조금만 생각을 바꿔보자. 예를 들어, 조만간 내 집을 마련하고 싶다면 나를 위한 집이 아니라 '아내와 아이들이 즐겁게 살 수 있는 집'을 바라는 것이다. 그러면 내 집을 갖고 싶다는 소원은 다른 사람의 행복을 바라는 마음이 된다.

일에서도 마찬가지다. '영업 실적을 올려 연말에 우수 사원 상을 받고 동기 중에 제일 먼저 승진하고 싶다.'는 생각은 자신만의 바람이다. 팀 성과를 올려 회사의 성장에 기여하고 싶다고 조금만 생각을 바꾸면 다른 사람의 행복을 바라는 것이 된다. 이렇게 생각의 각도를 조금 바꿔서 옥시토신의 분비를 유도하면 스스로를 운 좋은 방향으로 이끄는 힘이 생긴다. 사소하지만 이러한 마음가짐이 평생의 운을 좌우한다.

12

'불안'을 없애기 위해
저축하지 마라

묵히는 돈은 힘이 없다

얼마 전 신문을 보다 깜짝 놀라고 말았다. '치매 노인의
가계저축 추산 52조 엔(약 530조 원)'이라는 제목이 눈에 들
어왔기 때문이다. 설마 52조 엔(약 530조 원), 그것도 치매 고
령자의 저축액이 이 정도일 줄이야! 이렇게 돈을 묵히면
돈도 사회도 활력을 잃는다. '돈은 사회의 혈액'이라는 말
을 떠올려 보자. 돈을 묵히는 상황을 인체에 비유하자면,
혈액이 끈적끈적해져서 혈관이 막히기 직전과 같다.

다시 한 번 말하지만 돈은 썼을 때 비로소 제역할을 한
다. 지갑 속의 1만 엔(약 10만 원)은 종잇조각에 불과하다. 옛
날 풍자화 중에 벼락부자가 지폐에 불을 붙여 등불을 대신

하는 그림이 있었다. 벼락부자의 어리석은 행동을 풍자한 그림이지만 돈은 어차피 불이 붙으면 타버리는 종이에 불과하다. 돈의 실체를 적나라하게 표현한 셈이다.

돈을 어떻게 쓰는지를 통해 그 사람의 기량을 알 수 있다. 돈을 제대로 쓰면 운도 좋은 방향으로 향한다. 그것이 진정한 돈의 힘이다.

돈을 어떻게 쓰느냐가 당신의 운의 그릇

샐러리맨에게는 성과급이라는 목돈이 생긴다. 과연 이 돈은 어디에 쓰일까? 2017년 겨울 성과급의 지출 내역 1위는 '예적금(40.2%)', 2위는 '여행(10.5%)', 3위는 '옷 구매(5%)', 4위와 5위는 외식, 식품 구입이었으며 각각 4.8%, 4.5%로 나타났다. 참고로 일본의 20대 평균 예적금액은 약 160만 엔(약 1,600만 원)이고, 30대는 약 423만 엔(약 4,300만 원), 40대는 약 707만 엔(약 7,200만 원)이었다. 이 숫자를 바라보며 한숨을 쉬는 사람도 있을 것이다. 하지만 이 숫자는 어디까지나 평균치다. 큰돈을 저축한 사람이 있으면 평균치가 올라간다. 나만 평균치에 못 미친다고 한탄할 필요는 없다.

그렇다면 중간치(저축 액수를 소액부터 나열했을 때 가운데에 오는 숫자)도 알아보자. 20대는 0엔이다. 즉, 절반 이상이 저축을 하지 않는 것이다. 30대는 167만 엔(약 1,700만 원), 40대는 200만 엔(약 2,000만 원)이다.

이걸 보고 '그렇게 조바심 낼 필요 없겠군.' 하고 안도하는 사람도 있을 것이다.

13

운을 틔우는
지혜로운 사치도 필요하다

'운'을 키우기 위해서는 '꿈'이 필요하다

물론 저축을 완전히 부정하는 것은 아니다. 안정적인 삶을 위해서는 적당한 예적금이 필요하다. 나도 실제로 약간의 돈을 저축하고 있다. 다만 저축을 하더라도 돈은 사회에 흐를 때 비로소 가치가 있다는 점을 기억하자. 즉, 더 큰 힘을 발휘하기 위해 저축을 하는 것이다. 수중의 돈을 불려서 큰 목적을 실현한다. 이렇게 쓰이는 돈은 어디서나 활발하게 움직이며 개인은 물론 사회에 새로운 에너지를 불어넣는다.

나는 프리랜서라 내일을 장담할 수 없는 입장에서 일해왔다. 다음 일이 없으면 수입은 거기서 멈춘다. 약간의 돈은 은행에 있어야 안심이 돼서 생활비 통장을 만들었다. 그것과는 별개로 목적이 있는 예금도 한다. 해외여행을 가거나 고가의 물건을 사기 위한 통장이다. 이탈리아 오페라 팀의 공연을 보기 위해 10만 엔(약 100만 원)에 달하는 티켓을 구입해 최고로 좋은 자리에서 본 적도 있다. 자주는 아니지만 유명 요릿집이나 레스토랑에서 식사도 한다. 그러고 나면 통장 잔고가 푹푹 줄어들지만 거기서 얻은 경험은 그 이상의 가치가 있다.

30대가 되자 회사를 나와 그동안 모은 500만 엔(약 5,000만 원)으로 자기계발 차 미국 유학을 떠난 지인이 있다. 이처럼 자기계발을 위한 저축도 의미가 있다. 이왕 예금을 한다면 꿈을 이룰 수 있는 예금이 좋지 않을까. 그때의 기쁨은 새로운 에너지가 되고, 그 힘으로 이후의 인생을 알차게 보낼 수 있다.

불안한 노후에 대비하기 위한 예금에 열중하는 젊은이들이 많다. 하지만 언제까지 노후만 걱정하며 허리띠를 졸라매고 쓸쓸한 나날을 보낼 것인가. 그런 인생에 진심으로 만족할 수 있겠는가. 통장에 있는 약간의 여윳돈이 노후를

풍족하게 만들지는 못한다. 하지만 그동안 쌓아온 경험과 추억은 틀림없이 긴 인생을 사는 데 든든한 버팀목이 되어 줄 것이다.

저승까지 지고 갈 것인가?

불안에 대비하는 예적금은 운을 달아나게 한다. 노후를 위해 모아두는 돈도 마찬가지다. 내 주변에서도 퇴직금이니 뭐니 돈이 생기면 꼬박꼬박 모으는 분위기다. 연금은 줄고 의료비는 올라서, 또는 양로원에 들어가려면 돈이 있어야 해서 예금하는 사람도 있다.

앞에서 치매 노인의 저축액이 52조 엔(약 530조 원)이라는 기사를 소개했다. 정부는 이 돈이 사장되지 않고 유용하게 쓰일 수 있는 방안을 고려 중이라고 한다. 돈이 흐르는 사회는 그만큼 건강해질 것이다. 아무리 돈이 많아도 죽으면 쓸모 없다. 저승까지 지고 갈 수도 없다. 죽을 때 가장 부자가 될 게 아니라, 건강할 때 금전운의 클라이맥스를 찍어야 하지 않을까.

'임종 직전, 마지막 동전이 툭 하고 손에서 떨어졌다.'

이 모습이 '이상적인 최후'라는 말에 전적으로 동의한다.

노인들만의 문제는 아니다. 요즘 일본에서는 젊은 세대 일수록 저축에 열심이다. 앞날에 희망이 보이지 않기 때문에 저축할 수 있을 때 해 놓으려는 젊은이가 많은 것이다. 정규직의 벽이 너무 높아 이마저도 못하는 젊은이가 많지만 젊은이들이 저축을 많이 하는 것은 사실인 듯하다. 자기 인생을 책임진다는 면에서 이 정도의 대비는 '인간적인 책임'인지도 모르겠다. 젊은이들의 이러한 세태를 '매우 훌륭한 자세'라 칭찬하고 싶은 사람도 있겠지만, 내 생각은 조금 다르다.

수입을 전부 저축하겠다고 아등바등하다 보면 인생이 팍팍해진다. 인간은 즐겁고 행복하지 않으면 몸도 마음도, 두뇌 회전도 활력을 잃는다. 이왕 하는 저축이라면 즐거운 목표를 세우자. 예컨대 저축의 목표가 '가족과 함께 하는 하와이 여행'이라면 성과급이 몽땅 저금통장으로 들어가도 얼마나 즐겁고 힘이 나겠는가.

미래가 불안해서 저축한다는 생각은 조금 씁쓸하다. 불안의 정체는 사회의 미래가 아닌 자신의 능력 아닐까. 그렇다면 나에게 투자해서 자신감을 되찾는 편이 더 낫다. 자격증을 따거나, 외국어를 공부하거나, 헬스클럽에 등록해 멋진 몸을 만드는 것이다.

체중감량에 성공하고 근력을 키운 끝에 식스팩을 얻은 친구가 있다. 그는 어렵사리 원하던 몸을 만들었다는 사실에 자신감을 얻어 일에 임하는 마음가짐도 완전히 달라졌다. 자신이 설레는 일에 아낌없이 투자하자 금전운도 강해진 것이다.

성과급은 무조건 나를 위해

자신이 번 돈은 원칙적으로 직접 관리하며, 생활비는 각자 부담한다. 돈은 번 사람에게 우선권이 있다. 이것은 지극히 당연한 이야기다. "주택담보대출, 교육비, 가족 여행… 성과급을 다 써도 모자랄 지경인데 무슨 소리냐!"는 아우성이 들리는 듯하다. 하지만 모두 무시하고 말하겠다. 성과급의 아주 일부라도 좋으니 가족과 상관없이 내가 좋아하는 일, 정말 하고 싶었던 일에 쓰자. 반드시 활력이 솟아날 것이다. 이 활력은 당연히 새로운 금전운으로 이어진다. 어느 회사의 경영자는 사원들에게 성과급을 지급하며 이렇게 말했다.

　"성과급의 절반은 반드시 자신을 위해 쓰도록 하세요."

14

돈은 써야
불어나는 것이다

뜻밖에 행운을 가져다준 것

바스키아는 요즘 최고의 인기를 구가하는 현대미술가다. 그의 그림 2점을 각각 62억 엔(약 635억 엔), 123억 엔(1,260억 원)에 낙찰 받아 세계적으로 이목을 집중시킨 마에자와 유사쿠는 "자신의 한계까지 돈을 쓰면 머지않아 돈이 불어난다."고 단언했다.

그는 일본 최대의 온라인 의류 쇼핑몰 '조조타운ZO-ZOTOWN'을 설립해 시가총액 1조 엔(약 10조 원)이 넘는 대기업으로 키워냈다. 42세의 나이에 모은 자산 총액은 3,000억 엔(약 3조 원) 이상이다. 그는 미국의 경제지 〈포브스〉가 매년 발표하는 세계의 부호 100명 중 56위(2017년)

에 오를 만큼 부자다.

하지만 마에자와는 인터뷰에서 항상 돈이 없다고 말한다. 원하는 것을 닥치는 대로 사기 때문이라고 한다. 그만한 부자니까 가능한 일이 아니다. 그는 이미 고교 시절에 돈은 써야 불어나는 것임을 터득했다. 그는 당시 아르바이트로 번 돈도 음반이나 악기를 사는 데 모조리 썼다. 그러면 더 좋은 악기가 탐났다. 그래서 먼저 샀던 악기를 팔았다. 그 과정에서 배운 인터넷 판매 방법이 지금 사업의 시초가 되었다고 한다. 그리고 마침내 세계적인 부호의 반열에 들어서게 된 것이다.

마에자와 씨의 금전 철학은 지금도 여전하다. 그는 직원들에게도 항상 자신의 한계까지 돈을 쓰라고 말한다. '한계까지 돈을 사용했을 때 맛볼 수 있는 경험이 내일의 성장으로 이어진다.'는 것을 실감했기 때문이다.

가령, 성과급으로 50만 엔(약 500만 원)이 들어왔다고 하자. 크게 양보해서 반은 부인이나 남편에게 주고 반은 자기 몫으로 확보한다. 찔끔찔끔 쓰는 것은 의미가 없다. 25만 엔(약 250만 원)을 2~3만 엔(대략 20~30만 원)씩 쪼개면 자신의 한계를 넓힐 수 없다. 하지만 25만 엔(약 250만 원)을 한 번에 쓰면 새로운 경험이 되고 자신의 한계도 그만큼 넓어진다. 이와 같은 경험이 성장의 밑거름이 되어 뜻밖의 행운을 가져다주는 것이다. 평범한 사람의 사고방식으로는 이해가 잘 안 되겠지만, 이것이 마에자와가 말하는 '한계까지 돈을 써보는' 방법이다.

레오나르도 디카프리오와 친구가 되는 법

2016년 5월, 바스키아의 작품을 62억 엔(약 635억 원)에 구입한 후 마에자와에게 예상치 못한 일이 생겼다. 바스키아 작품의 낙찰 소식이 인터넷을 통해 전 세계에 알려지자 뉴스를 본 누군가가 전화를 한 것이다. 상대는 다름 아닌 레오나르도 디카프리오였다. 누구라도 놀랄 일이었다. 디카프리오는 환경단체의 기부금을 마련하기 위해 종종 미술품 경매를 열 정도로 열렬한 미술품 마니아다.

디카프리오는 마에자와를 집으로 초대했고 흔쾌히 응한 그는 주소를 받아 디카프리오의 집으로 향했다. 같은 취미에 대해 이야기하며 분위기는 자연스레 달아올랐고 마침내 두 사람은 친구가 되었다고 한다.

일명 호리에몬이라 불리는 기업인 호리에 다카후미는 그가 바스키아를 구입함으로써 세계 진출의 발판을 마련했다고 평가했다. 그림 1점에 123억 엔(1,260억 원)이나 투자한 것을 질투의 시선으로 비판하는 사람도 있었다. 하지만 이 돈은 마에자와의 운을 더욱 강하게 만들어 미래를 개척하는 계기가 되어주었다. 마에자와에게 처음부터 그런 야심이나 속셈이 있었을 리 없다. 그저 그림을 사랑하는 순수한 마음이 그의 운을 더욱 강하게 만든 것이다.

전 세계에는 훌륭한 미술관이 많지만 그중 최고는 누가 뭐라 해도 프랑스의 '루브르'다. 그곳에는 총 38만 점 이상의 작품이 소장되어 있다. 대부분은 최고의 번영을 누렸던 루이 왕조의 왕족, 귀족들이 아낌없이 모은 컬렉션이다. 왕족, 귀족들의 방탕한 생활상은 결코 칭찬할 일이 아니지만, 루브르는 연간 800만 명의 발길이 이어지는 유명 미술관이 되었다. 루브르에 들르기 위해 프랑스를 방문하는 관광객도 매우 많아서 프랑스 경제에 큰 보탬이 되고 있다고 한다.

대담한 돈 씀씀이가 더 큰돈을 가져다준다는 원리가 '국가 경제'라는 큰 사이클 안에서도 증명되고 있는 셈이다.

15

리스크 없는 최고의 투자는
바로 나에게 투자하는 것

자기계발에 10억 원을 쓴 사람

여기 주식보다 더 좋은 투자처가 있다. 바로 자기투자다. 대부분의 사람들은 사회에 나옴과 동시에 공부와 담을 쌓는다. 그러면 더 이상 운이 트일 가능성이 없다. 운이 트이기를 원한다면 스스로 성장해야 한다. 그것이 가장 빠르고 확실한 길이다. 무엇이든 계속 배워서 자신의 능력과 기술을 향상시켜야 한다. 상승 지향적인 사람은 자연히 운도 상승한다.

10여 년 전 직장에서 만나 여전히 개인적으로 가깝게 지내는 지인 C가 있다. 내가 C와의 친분을 중시하는 가장 큰 이유는 그가 대학 졸업 후 1억 엔(약 10억 원) 이상을 자기계발에 썼기 때문이다. 처음에는 '오버하네.'라고 생각했다. 그러나 지금 50대 초반인 그는 30여 년 전에 대학을 졸업했고 장단기로 미국에서 몇 차례 유학했으며 최근에는 주말마다 각종 세미나에 나간다. 세미나의 내용은 그의 전공 분야인 비즈니스맨을 위한 기술 연수, 매니지먼트 세미나, 커뮤니케이션 기술 세미나, 자기계발 세미나 등 매우 폭넓다.

또한 그는 지방에 살지만 세미나에 참가하기 위해서 매주 상경해 고급 호텔에 묵는다. 그가 말하길 고급 호텔에 묵는 것도 자기투자라고 한다. 해외 VIP들의 행동거지를 가까이서 보고 참고하기 때문이다. 하지만 그는 부잣집 출신도 아니고 젊어서도 회사에 다니면서 아르바이트를 병행했다고 한다. 꼭 가고 싶은 세미나에 참석하려고 은행에서 대출까지 받은 적이 있다며 웃었다.

의도한 것은 아니지만 약 10년 전부터 그는 본업에서 눈부신 성장을 이루었다. 이제는 배우기보다 가르치는 입장일 때가 많아졌다. 그가 말하길, 자기투자의 가장 큰 성과는 자신이 점점 성장하는 느낌을 받는 것이라고 한다.

"자기투자는 절대 손해 볼 일이 없어. 리스크 없는 최고의 투자지." 그가 늘 하는 말이다.

용돈의 3분의 1은 내가 좋아하는 것에

자기투자라고 하면 공부를 주로 떠올리는 사람이 많다. 그러나 헬스클럽에 다니며 몸을 단련하는 것도 자기투자다. 피부과, 요가원, 네일숍 등에 가서 자신을 아름답게 가꾸는 것도 자기투자의 일종이다.

어느 지인은 걷기 교실에 다니며 몰라보게 자세가 좋아졌고 행동까지 적극적으로 바뀌었다. 자신감이 높아진 덕분이다. 책을 읽거나 예술작품, 연극, 영화를 감상하는 것도 넓은 의미의 자기투자다. 적어도 일주일에 1번은 퇴근길에 책방에 들르길 바란다. 그리고 한 달에 몇 권이라도 책을 구매하자. 책 읽을 짬이 없을 수도 있다. 그러나 책에는 이상한 힘이 있어서 옆에 놔두기만 해도 자기계발에 대한 의욕을 북돋워준다. 서점을 둘러보는 동안 최신 정보가 계속 눈에 들어오는 것도 큰 도움이 된다.

나는 종종 주위 사람들에게 용돈의 3분의 1은 자신에

게 투자해야 한다고 말한다. 투자의 첫걸음은 내가 좋아하는 분야에 대해 곰곰이 생각해보는 것이다. 역사 만화에 빠진 한 지인은 일본사 책에 흥미를 느껴 역사 마니아들의 모임에 회원으로 가입했다. 지금은 공휴일이면 회원들과 전국의 사적지를 답사한다. 역사에 빠지기 전과 지금의 그는 표정부터 다르다. 운 좋은 사람들에게 보이는 활기와 빛이 있다.

이처럼 무언가에 꽂히면 계속해서 그 분야를 파고들게 되어 인간관계도 풍성해지고 무엇보다 시간을 알차게 쓸 수 있다. 좋아하는 일에 몰두할 때 생기는 에너지는 운을 강화하는 추진력이 된다.

16

금전운이 줄줄 세는
소비패턴을 경계하라

금전운의 가장 기본적인 원칙

"쓸데없는 거 안 샀어!" 하고 삐죽대기 전에 냉장고를 확인해보자. 묵은 식재료가 은근히 많이 들어차 있어 놀랄 것이다. 그것들의 구입 경위를 떠올려보자. "타임 세일입니다! 지금부터 여기 있는 상품은 전부 반값에 판매합니다!" 라는 말을 듣고는 왠지 사지 않는 것이 손해라고 생각되어 구매하지는 않았는가. 계획에 있던 물품은 사는 게 이득이지만 대개는 그날 먹을 식재료를 이미 구입한 후다. 내일 먹으면 된다고 합리화해 보지만 다음 날 또 계획에 없던 음식을 구입하게 된다. 이런 식으로 어느새 냉장고는 유통기한이 임박한 음식들로 꽉 찬다. 그렇지 않은가?

이것은 사실 평소 채소나 반찬을 버리는 일이 많은 내 이야기이기도 하다. 일본의 경우, 팔다 남거나 유통기한이 지난 상품, 잔반 등의 '식품 낭비'가 연간 약 632만 톤이나 된다고 한다. 기아에 허덕이는 나라에 보내는 식량 원조량이 320만 톤이니까 거의 2배나 되는 양이다. 이렇게 음식을 낭비하는데 운이 따를 리 있겠는가.

식료품을 필요 이상으로 구입하지 않는 요령은 매우 단순하다. 공복일 때 마트에 가지 않는 것이다. 이것만 지켜도 사재기를 멈추는 효과는 뛰어나다.

'쓸데없는 것은 절대 사지 않는다. 정말 필요한 것만 산다.' 이것이 돈에 대한 최소한의 매너이며 금전운을 끌어올리는 가장 기본적인 규칙이다.

나 또한 '오늘부터는 배고플 때 마트에 가지 말아야지.' 하고 수없이 다짐했다. 하지만 문제는 출퇴근길에 어쩔 수 없이 지하철역 상가를 지나친다는 점이다. 내 친구도 우리 집으로 향하며 "집 근처가 아주 유혹 천지네."라고 말한 적이 있다. 지하철 상가 1층에는 맛집이 즐비하다. 아무것도 사지 않고 이곳을 빠져나오려면 상당한 인내심과 자제력이 필요하다. 사정이 그렇다 보니 집에 도착하면 양손에 나도 모르게 쇼핑 봉투가 2~3개씩 들려 있다. 그러니 금전운이 따르지 않는 것도 당연하다. 나의 싸움은 아직도 진행 중이다.

'득템'에 현혹되지 않는다

우리가 쓸데없이 사는 것들 중 또 다른 대표적인 것이 바로 옷이다. 몸은 하나인데 옷장이 부족할 만큼 옷이 많다. 하지만 이것도 나에게는 이제 옛일이다. 3년 전에 상당량의 옷을 처분했기 때문이다. 그 후 '옷은 더 이상 사지 않는다.'는 원칙을 세웠다. 최소한 충동구매는 안 하기로 다짐했다. 하지만 어느 틈엔가 "이제 안 사!"는 "되도록이면 안 사."로 바뀌었고 스멀스멀 옷가지가 다시 늘고 있다. '할인', '득템'이라는 말에 약한 까닭이다.

오사카에서 만난 어느 기획 회사의 사장은 '득템'처럼 이상한 말이 없다고 했다. 구입한 시점에서 이미 돈을 냈는데 무슨 득이 되냐는 것이다. 일리가 있었다. 지난날 영국에서 몇 년 살며 알게 된 것이 있다. 영국인들은 싸게 판다고 해서 사재기를 하지 않는다는 것이다. 그들은 갖고 싶은 물건이 할인할 때까지 기다렸다 그 물건만을 산다. 할인 판매도 1년 내내 하지 않고, 6월과 크리스마스 새벽에 집중적으로 한다. 이때 가게들은 대부분의 물건을 할인한다. 그 중에는 반값인 것도 있다. 그들은 참을성 있게 그날을 기다렸다가 관심 있는 물건을 저렴하게 마련한다.

후회와 자책이 운을 갉아먹는다

갖고 싶은 타이밍과 실제 구매 타이밍에 시간차가 생기면 그 물건의 필요성을 정확히 판단할 수 있다. 큰 이점이다. 하지만 '득템, 타임세일, 오늘의 특별할인'이라는 말이 보이면 꼭 사야 할 것 같은 기분이 든다. 아무리 생각해도 필요가 없으면 다행이지만 예전에도 비슷한 것을 샀는데 또 산 경우에는 둘 중 하나가 방치된다. '불필요한 물건과 후회'만 남는 쇼핑은 큰 문제다. 사람은 취향이 한결같기 때문에 무심코 이러한 충동구매를 반복하게 된다. 그 결과 비슷한 물건이 차곡차곡 쌓인다. 귀한 돈을 쓰고 후회만 남는 것이다. 이래서야 쇼핑이 즐거울 수 있을까.

운은 기쁘고 즐거울 때 가득 충전되는 특징이 있다. 쇼핑하고 후회에 빠져 있는 한 기운과 에너지가 강해지기를 기대하기는 어렵다. 내 경험상 "와, 싸다!" 하고 흥분해서 구입한 것은 대부분 원래 저렴한 물건인 경우가 많았다. 전혀 이득이라고 할 수 없다. 이득은커녕 싸구려는 어디까지나 싸구려라서 돈만 날리는 셈이다. 정말 갖고 싶은 물건이 할인하기를 차분히 기다렸다가 구입하는 것이 올바른 쇼핑 방법이다. 하루아침에 가능하지는 않겠지만 그러한 습관이 몸에 밸 때 틀림없이 금전운도 한 단계 높아질 것이다.

17

돈에 대한
예의를 지켜라

10원짜리 동전과 10억 원의 가치가 같다?

금전운을 간절히 원하는 것 치고는 돈을 대하는 태도가 무례한 경우가 많다. 가령, 1만 엔(약 10만 원)짜리 지폐는 지갑에 고이 모시면서 1엔(약 10원)짜리 동전은 한두 개쯤 떨어뜨려도 개의치 않는다.

몇 년 전 취재한 간사이 출신의 한 대기업 경영자는 "오사카에는 '돈이 없으면 목숨이 없는 것과 마찬가지'라는 말이 있습니다. 그래서 1엔짜리도 소홀히 하지 않죠."라고 말했다.

나는 도쿄 토박이답게 '그날 번 돈은 그날 쓰는' 기질이 있는지 이상하게 돈에 연연하지 않는다. 이렇게 말하면 왠지 멋있게 들리겠지만, 요는 돈을 소중히 다루지 않는다는 것이다. 가령, 거스름돈으로 받은 1엔이나 10엔(약 100원)짜리 동전은 꼼꼼히 세지 않는다. 그런데 이어지는 간사이 출신 경영자의 말이 내가 가진 돈 개념에 큰 영향을 미쳤다.

"1엔은 1억 엔(약 10억 원)과 같은 가치가 있습니다. 은행에 1억 엔을 현금으로 들고 가 저금한다고 생각해보세요. 이때 1엔이 부족하면 은행은 1억 엔 입금을 인정해주지 않습니다."

그 말이 맞다. 은행은 물론이고 슈퍼에서도 1엔이 부족하면 계산이 끝나지 않는다. "1엔 모자라네? 그냥 깎아줄게."는 옛날 단골가게에서나 가능한 이야기다. 요즘 같은 세상에 "1엔 부족한데, 그냥 깎아주세요."라고 하면 정신 나간 사람 취급을 받는다.

그 경영자는 1엔을 우습게 알면 1억 엔의 길은 멀고도 멀다는 것을 말하고 싶었던 것이다. 1980년대 미국 최고의 선박왕 다니엘 루드윅Daniel K. Ludwig의 말버릇도 "동전을 감시하라."였다. 그러면 지폐는 스스로를 직접 감시한다는 것이다.

그동안 동전을 소홀히 했다면 오늘부터 습관을 고쳐보자. 들고 다니기 번거로우면 편의점 계산대 옆에 있는 기부함에 넣는 것도 좋다. 동전에 새로운 활로가 개척될 것이다. 작은 돈도 큰돈처럼 소중히 여긴다는 마음이 돈에 전해지면 금전운도 점점 좋아질 것이다.

지갑에 돈이 너무 많으면

편의점 계산대에 줄을 서 있으면 3명 정도는 스마트폰이나 카드로 금액을 지불한다. 그 모습을 보면 캐시리스 cashless 시대가 다가왔음을 새삼 실감하게 된다. 그래도 여전히 지갑에 두둑하게 현금을 갖고 다니는 사람이 적지 않다. 스타의 지갑을 열어 보는 방송을 보다 보면 톱스타이면서도 지갑에 몇 만 엔 정도가 전부였던 사람이 있는가 하면 어떤 사람은 100만 엔(약 1,000만 원)짜리 다발을 2~3개씩 넣고 다녀 놀랐던 기억도 있다. 하지만 평소에는 너무 많은 현금을 갖고 다니지 않는 것이 좋다. 지갑에 돈이 많으면 이상하게 통이 커져서 자꾸 뭔가를 사기 때문이다. 현금이 많으면 왠지 부자가 된 기분이 든다. 그것이 현금의 힘이다.

그렇다면 어느 정도가 적당할까? 정답은 없다. 사람마다 돈에 대한 감각이 다르기 때문이다. 나는 예전의 3분의 2 수준으로 줄였다. 지하철이나 버스를 탈 때도 충전식 카드를 쓴다. 백화점이나 마트에서는 전용 카드를 사용한다. 현금은 저렴한 음식을 먹을 때만 쓴다. 평소 자신의 씀씀이를 확인하고 알맞은 액수를 산출해보자. 그러고 나서 그보다 많지도, 적지도 않은 금액을 현금으로 갖고 다니자. 평소 씀씀이를 의식함으로써 돈을 허투루 쓰지 않게 될 것이다.

좋은 지갑을 아끼며 오래 써라

"지갑에 돈 쓸 필요 없어. 중요한 건 알맹이니까."라고 말하는 사람이 있다. 그는 매우 저렴한, 심지어 할인할 때 구입한 비닐 지갑을 애용한다. 이런 사람의 금전운은 대개 절망적이다.

돈이 중요하면 돈이 머무는 지갑도 중요하다. 이것이 돈에 대한 예의다. 꼭 비싼 명품 지갑이어야 하는 것은 아니다. 자신의 능력이 닿는 선에서 가장 비싼 지갑을 고르

자. 비싼 지갑은 아무래도 품질이 좋다. 질 좋은 지갑을 아껴서 오래 사용하겠다는 태도가 중요하다. 이러한 자세라면 돈에도 성의가 전해지는 느낌이 든다.

"지갑을 관리하세요?"라는 질문에 대부분은 고개를 젓는다. 아무리 좋은 지갑을 사용해도 관리를 제대로 하지 않으면 금전운이 좋아질 수 없다. 지갑에 대한 성의가 느껴지지 않기 때문이다. 남의 손에서 손으로 건네지는 돈은 의외로 불결하다. 가끔이라도 지갑을 비우고 가죽전용 클리너로 닦자. 동전 지갑 안쪽은 나무젓가락에 물티슈를 감아 구석구석 깨끗이 닦아낸다. 영수증이나 가게에서 받은 쿠폰 때문에 지갑이 빵빵한 사람도 있다. 영수증은 그날그날 꺼내서 정리한다. 쿠폰은 대개 기한이 있다. 되도록 기한 내에 사용하고 사용할 일이 없을 듯하면 처음부터 받지 말자.

돈을 건네는 모습만 봐도 부자가 될지 알 수 있다

나는 약 1년 전부터 영어 개인 교습을 받고 있다. 수업비를 시간당으로 계산하여 수업 후에 건네는데, 이때 어떻게 하면 센스 있게 돈을 건넬 수 있을까? 우연히 다른 사람이 하는 모양을 보니 덜렁 현금을 꺼내 지불하고 있었다. 옆에서 보기에도 너무 무례해 보였다. 수업 한 번에 몇 천 엔이라서 지폐를 여러 장 건네야 했는데 돈의 방향도 모두 제각각이었다. 상당히 신경이 쓰였다. 이처럼 수업비나 모임 회비를 지불할 때도 가능한 한 현금만 덜렁 내지 않도록 주의하자.

나는 돈을 건넬 때 반드시 봉투에 넣어 준다. '다이소'에서 산 저렴한 봉투라도 상관없다. 또한 꼭 새 지폐일 필요는 없지만 되도록 깨끗한 것으로 고른다. 지폐는 같은 금액끼리 정리한 후 큰돈 위에 작은 돈을 겹쳐 넣는다. 사정상 남의 돈을 대신 건넬 때도 똑같이 봉투를 준비해서 넣은 후 간단한 메시지를 써넣으면 더욱 정중해 보인다. 해외여행을 하다 보면 팁을 줘야 할 때가 있다. 팁 문화가 없는 나라 사람들은 팁을 건네는 데 서툰데, 이럴 때 서양인은 동전이나 작게 접은 지폐로 손바닥을 살짝 누르듯이 건넨다.

돈을 건네는 방법은 금전운에 큰 영향을 미친다. 돈을 센스 있게 다루는 사람은 돈을 소중히 여기는 사람이라고 볼 수 있으며 그런 사람은 자연히 금전운도 좋아진다.

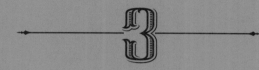

10년 후에도 승승장구하게
만들어주는 직장운

웃는 얼굴은 부드럽고 따뜻해서 운이 뿌리내려 튼튼하게 성장할 수 있다.
조용히 온화한 미소를 짓는 사람은 날로 운이 좋아져서
오랜만에 만났을 때 이미 한두 단계 성장해 있는 경우가 많다.
'운'은 그런 사람에게 다가온다.

18

온화한 사람에게는
운도 따른다

'언제나 조용히 웃고 있는' 이들

나는 직업상, 소위 성공했다는 사람들을 수백 명 넘게 만날 수 있었다. 그들은 예외 없이 표정이 온화했다. 그들에게는 짜증 나고 화나는 일이 없는 걸까? '사장도 인간인데 회사에서 짜증을 아예 안 낼 수는 없지 않겠어?' 이런 생각에 남몰래 비서에게 물어본 적도 있다. 하지만 "아뇨, 그런 일은 거의 없습니다. 감정을 너무 자제하시는 건 아닌지 걱정될 정도입니다."라는 답변이 돌아왔다.

나는 평범한 인간인지라 짜증 나고 열 받으면 금세 옆사람에게 그 기분을 전염시킨다. 그러면 안 되는 줄 알면서도 항상 늦게 깨닫는다. 감정이 너무 앞서서 "아니요, 됐습

니다. 기대한 제가 잘못입니다."라는 막말을 쏟아부은 적
도 있다. 하지만 그 순간 '운'은 내 손에서 모조리 빠져나
간다.

'운'은 애정과 짝꿍이라 사랑받지 못하는 사람은 아무
리 노력해도 운이 좋아지지 않는다. 미야자와 겐지의《비
에도 지지 않고》에는 '언제나 조용히 웃고 있는'이라는 시
구가 있다. '운'은 그런 사람에게 다가온다. 웃는 얼굴은 부
드럽고 따뜻해서 운이 뿌리내려 튼튼하게 성장할 수 있다.
조용히 온화한 미소를 짓는 사람은 날로 운이 좋아져서 오
랜만에 만났을 때 한두 단계 성장해 있는 경우가 많다.

짜증을 물리치는 거울 마법

J와의 첫 만남은 20년 전으로 거슬러 올라간다. 당시
J는 남의 시선에 극도로 예민해서 취재하러 갔던 나까지
내심 긴장했던 기억이 또렷하다. J는 어느 부동산 투자회사
사장이다.

하지만 지금 그에게는 그런 모습이 온데간데없이 사라
졌다. 직원들조차 "예전엔 툭하면 불호령이 떨어졌는데 지

금은 전혀 다른 사람처럼 부드러워지셨어요."라고 입을 모은다. 어떻게 이렇게까지 변한 걸까.

어느 날 나는 그에게 단도직입적으로 물었다.

"어떻게 짜증과 분노를 다스리셨습니까? 저도 비결 좀 알려주세요."

"그런 건 알아서 해결하시죠." 하고 야단맞을 각오로 물었는데, 사장은 부드럽게 웃으며 답했다.

"비결이랄 건 없는데 굳이 말하자면 이거 덕분이려나?"

J는 일반 책 크기의 거울을 하나 내밀었다. 짜증과 분노가 치밀 때면 황급히 거울을 꺼내 들여다본다는 것이다.

"그러면 거울 안에 오싹한 내 모습이 비치죠. 그게 싫어서 얼른 웃습니다. 그렇게 하면 방금 전과 비교가 안 될 정도로 기분 좋은 표정으로 바뀝니다."

찌푸린 얼굴은 자기 스스로도 외면하고 싶지만 웃으면 바로 기분이 좋아지고 짜증도 가라앉는다고 했다. 스스로가 그런데 하물며 '남들은 오죽할까.'에 생각이 미치자, 절대 남에게 짜증스러운 표정을 보이지 말아야겠다는 생각이 든 것이다.

J는 그 후 짜증이 치밀 때마다 거울을 꺼내 웃는다고 했다. 비록 만든 표정이지만 웃는 얼굴은 보는 사람의 마음까지 따뜻하게 만드는 힘이 있다. 게다가 짜증도 잊게 해준다. 신기하게도 불호령을 멈춘 무렵부터 회사는 점점 잘되기 시작했다. 지금은 업계 1위를 노리고 있다고 한다. 기분 좋은 미소 덕분에 운이 그의 편이 된 것이 아닐까.

일단은 "네!"라고 대답한다

상대방이 "모든 게 당신 말대로다.", "당신은 항상 맞는 말만 한다."고 말했다면 그것은 칭찬이 아니라 당신이 정론만 내세운다는 증거다. 사람들은 그런 사람을 싫어하면 싫어했지 좋아할 리 없다. 남에게 미움 받으면서 어떻게 운 좋은 사람이 되겠는가.

타인에게 호감을 주려면 상대의 말에 무조건 "네!" 하고 긍정해보자. 일단 그렇게 대답하면 상대방의 말을 쉽게 받아들일 수 있다. "네."라는 대답에는 무언가 힘이 있다. 상대방이 얼토당토않은 이야기를 해도 무조건 처음에는 "네."라고 답하는 것이 좋다.

"이 자료, 내일 아침까지 파워포인트로 기획서 만들어줘."

퇴근 무렵, 상사가 이렇게 지시했다고 치자.

"못하겠는데요? 힘들 것 같습니다." 하고 입을 삐죽대기 전에 무조건 "네."라고 답해보자. 그러면 다음과 같이 대화를 이어갈 수 있다.

"네, 알겠습니다. 근데 분량이 꽤 많네요."

"그래? 많긴 하지. 그럼 내일 중으로는 어때?"

"네, 괜찮을 것 같습니다. 바로 하겠습니다."

이렇게 말하며 미소를 짓는다면 상사도 흡족해하며 당신을 좋게 보고, 높이 평가할 것이다. "네."라는 대답은 좋은 인상을 주는 동시에 나에게 유리한 상황을 만들어내는 고급 기술이다.

19

쉽게 폭발하는 사람은
불운하다

한순간에 모든 것을 끝내는 힘

요즘처럼 "열 받네!"를 입에 달고 사는 시대가 또 있었
던가. 성격은 둘째 치고 예쁘고 잘생기면 인기가 있다. 평
범한 내 모습을 거울에 비춰보면 지레 포기 모드가 된다.
'난 능력으로 승부할 거야!' 하고 마음먹어보지만 여기에도
부조리가 있다.

연 수입의 격차는 날로 벌어져서 20대에 억 단위를 버
는 사람이 많아진 반면 40대에 300만 엔(약 3,000만 원)도 못
버는 사람이 20년간 5.4%나 증가했다. 그동안 이렇게 빠른
속도로 소득 격차가 벌어지던 시대는 없었다.

격차만큼 화나는 일은 없다. 다 같이 힘들고 다 같이 참

아야 한다면 어떻게든 버틸 수 있다. 그러나 똑같이 일을 하는데도 누구는 고소득이고 누구는 저소득이니 열 받는 것이 당연하다. 이런 일이 쌓이면 사소한 일에도 벌컥 화가 치밀고 나도 모르게 분노가 폭발한다. 당신도 그런 경험이 있을 것이다.

분노는 핵무기다. 어떤 이유로든 폭파시키는 순간 모든 것이 끝난다. 그동안 쌓아온 경력, 신뢰 관계, 친분 등 모든 것이 파괴되고 복구 가능성은 희박해진다. 지인의 아들은 어느 기업에서 인턴으로 일하던 중 참을성에 한계가 와 상사에게 분노를 터뜨리고 말았다. 심지어 "그만두겠습니다!"라고 내뱉는 바람에 사표까지 내야 할 처지가 됐다. 후련한 마음은 잠시뿐, 정규직이 될 가능성이 희박해지고 말았다. 부부나 부모 자식, 친구 사이에서도 화를 내서 좋을 일은 없다.

'분노'하되 '폭발'하지는 마라

이 세상은 분노의 씨앗으로 가득하다. 마음을 수양하면 화를 다스릴 수 있다고 믿는 사람도 있을 것이다. 하지만 헛된 소망은 버리자. 화내지 않는 인간은 없으며 있다 해도 그런 사람은 가까이하기 꺼려진다. 인간은 원래 감정의 동물이다. '희로애락', 즉 기쁨, 노여움, 슬픔, 즐거움은 각기 다른 것처럼 보이지만 사실 한 덩어리를 이루며 균형을 유지한다. 따라서 분노를 없애는 것은 감정을 없애는 것과 같아서 오히려 마이너스다. 실제로 어느 정신과 의사는 분노를 지나치게 억제하면 희로애락의 모든 감정이 침체된다고 지적했다. 억지로 분노를 억제하면 마음은 활기를 잃는다. 그래서 무슨 일을 해도 즐겁지 않고 감동을 느끼지 못하게 된다. 당연한 결과로 감정이 약해지면 운세도 약해진다. 지나치게 분노를 폭발시키는 것도 문제지만 지나치게 분노를 감추는 것도 문제가 있는 것이다.

분노를 멈춰주는 10초

분노에 대처하는 가장 좋은 방법은 '무시'다. 인간의 감정은 오래 지속되지 않는다. 어렸을 때 "울다가 웃으면 엉덩이에 털 난다!"라고 장난치며 놀던 기억이 있을 것이다. 그 속에는 분노, 노여움, 슬픔, 즐거움의 감정이 일시적이라는 뜻이 숨어 있다. 그 순간만 잘 무시한다면 분노를 폭발시키는 것을 피할 수 있다. 구체적으로는 화가 치미는 순간, 다른 일로 관심을 돌리는 것이다. 아주 잠깐이면 된다. 재빨리 1부터 10까지 세기, "무궁화 꽃이 피었습니다."를 2~3번 반복하기 등 간단한 방법으로 분노의 싹을 없앨 수 있다.

회사 책상에 가족사진을 올려두고 화나는 일이 있을 때마다 한 번씩 쳐다봐주는 방법도 있다. 예전에 외국계 회사를 방문한 적이 있었는데, 인상적이었던 것은 사장을 포함한 모든 사원의 책상에 가족사진이 놓여 있었던 점이다. 그래서 가족 이야기를 하며 어색한 분위기를 풀었던 기억이 있다. 상대의 마음이 편해지면 인터뷰를 진행하기가 쉽다. 자연스럽게 본론으로 들어갈 수 있기 때문이다. 그때 가족사진의 효과를 깨달았다.

회사에서 분노를 폭발시키면 모든 것이 끝난다. 좌천이나 심하면 퇴사까지 각오해야 할 수도 있다. 분노가 폭발할 조짐이 보이면 재빨리 가족사진으로 눈을 돌리자. '가족을 위해 이런 일도 참아야 참다운 인내'라고 설교할 생각은 추

호도 없다. 눈을 감은 순간, 금쪽같은 자식과 아내의 얼굴
이 떠오르며 분노가 말끔히 사라질 테니 말이다. 싱글이라
가족이 없다면 반려동물의 사진을, 반려동물도 없다면 좋
아하는 연예인이나 캐릭터, 귀여운 강아지 사진을 보며 화
를 다스리는 것도 좋은 방법이다.

20

불평과 험담 사이로
운이 줄줄 새어나간다

험담하는 동료를 경계하라

나쁜 줄 알면서도 자꾸 하게 되는 것이 험담이다. 회식에서 가장 인기 있는 안주가 '상사, 동료 험담하기'라는 말이 있을 정도다. 하지만 막상 험담을 듣고 있으면 썩 유쾌하지 않다. 험담할 때마다 그 불쾌함 때문에 운은 점점 달아난다.

험담을 하는 가장 큰 이유는 스스로에게 자신이 없고, 상대에게 질투가 나기 때문이다. 자신도 없으면서 상대보다 위에 서고 싶어 한다. 하지만 힘과 기술로는 당할 수가 없다. 그래서 험담으로 어떻게든 그 사람을 깎아내리려는 것이다.

험담을 안주 삼아 술을 마실 정도의 상대라면 문제가 생길 것도 없으니 서로 신나게 맞장구치며 술자리의 분위기가 무르익을 것이다. 분위기가 이렇기 때문에 그들도 나와 같은 생각을 한다고 착각하기 쉽다. 하지만 사실은 전혀 그렇지 않다. 험담으로 맺어진 사이만큼 얄팍한 것은 없다. 지금 당신 앞에서 맞장구치고 있는 사람이 1시간 후에 다른 자리에서 당신을 험담할 수도 있다. 결국 양쪽에서 다리를 잡아당기는 형국이 되어 순식간에 운이 사라져 버리는 것이다. 험담하는 동료는 절대 신뢰할 수 없다는 것을 마음에 새기자.

뒤에서 칭찬하라

머리로는 누구나 험담이 나쁘다는 것을 안다. 하지만 험담은 인간이 가장 좋아하는 기호품이다. 술이나 차를 마시는 자리에서 험담이 안 나오는 일은 거의 없다. 모임 멤버들을 봤을 때 험담이 난무하겠다 싶으면 처음부터 끼지 않는 것도 현명하다. 그 자리에 없는 사람의 이야기가 나오면 얼른 그 사람의 장점을 내세워 험담으로 흐르는 분위기를 끊자. 없는 사람에 대한 악의적인 이야기가 난무할 때는 되도록 대화에 끼지 않는 것이 좋다.

"A랑 팀장이랑 먼 친척이잖아. 자주 만나서 우리에 대해 이것저것 일러바치는 거 아닐까?"

누군가 이렇게 말했을 때 "어, 그럴 수도 있겠다." 하는 맞장구도 치지 말자. 당신이 험담의 주동자로 엮이게 될 가능성이 높다. 그 자리에 없는 사람 이야기가 나오면 오로지 칭찬만 하자. 뒤에서 칭찬했다는 소리가 당사자 귀에 들어가면 앞에서 칭찬받는 것 이상으로 기쁜 법이다. 그 사람은 당신을 더욱 신뢰하며 호의를 베풀 것이다.

운은 에너지의 흐름과 관계가 있다. 주변인들에게 신뢰를 얻으면 에너지의 흐름이 좋은 쪽으로 바뀐다. 그것은 반드시 운에 반영된다.

지적해주는 바로 그 사람이 은인

누구나 칭찬을 받으면 기쁘다. 특히 젊을 때는 서툰 부분이 많아서 '이렇게 하면 될까, 이대로 해도 되나?' 고민하며 끊임없이 갈팡질팡한다. 그럴 때 칭찬을 들으면 뛰어오를 듯 기쁘고 안심이 된다. 그런데 이때 자신을 어떻게 다잡느냐에 따라 운의 흐름도 변한다.

평생 만담가로 활동한 가쓰라 우타마루는 제자들에게 이렇게 말했다.

"칭찬하는 사람은 적이라 생각해."

이 말은 원래 우타마루의 스승인 고콘테이 이마스케가 한 말이다. 몇 대를 거쳐 제자들 사이에서 이어져 오는 말인 것이다.

"가르쳐주는 사람, 지적해주는 사람을 아군이라고 생각해!"

말은 쉽지만 나는 솔직히 그렇게 생각할 자신이 없다. 사람에게는 감정이라는 골칫덩이가 있기 때문이다. 칭찬을 받으면 누구나 기고만장해진다. 그러면 거기서 성장이 멈춘다. 우타마루는 "칭찬 받아 기고만장해진 마음을 나무에 비유하면 마치 새싹을 뚝 꺾는 행동과 같다."라고 말했다.

이와 반대로 남이 자신을 지적하고 꾸짖으면 금세 화가 난다. 하지만 그런 사람이야말로 묘목에 비료를 주고 큰 나무로 키워서 꽃을 피우고 열매도 맺게 한다는 사실을 깨달아야 한다. 미움 받고 싶어 하는 사람은 없다. 그래서 상대의 결점을 눈치채고도 모른 척하는 것이다. 하지만 그것을 지적해주는 사람이야말로 진정 나를 생각해주는 사람이다. 진심으로 마음속 깊이 감사하자. 감사는 운을 키우는 최고의 영양분이다.

사람을 키워 복을 쌓아라

물론 칭찬할 가치가 있는 상대에게는 자꾸자꾸 칭찬하자. 당연히 칭찬도 상대방을 성장시키는 양식이다. 이런 칭찬에도 요령이 필요하다. 말했듯이 상대가 없는 곳에서 해야 한다. 그 칭찬이 다른 사람의 입을 통해 들리면 효과는 더욱 커진다. 반대로 단점을 지적할 때는 당사자에게 직접 해야 한다. 이것이 철칙이다. 뒤에서 말하면 험담일 뿐, 모처럼의 지적도 헛수고가 된다.

물론 무엇보다 중요한 것은 스스로 성장하는 것이다. 하지만 자식, 후배, 제자 등 다음 세대를 키워갈 책임은 우리 모두에게 있다는 사실을 자각하자. 다음 세대가 크게 성장하면 그 힘이 반드시 나에게 돌아온다. 후배나 제자가 성장할수록 나 또한 힘이 넘치게 된다. 그러는 사이에 운도 좋아지는 것을 실감할 수 있을 것이다.

21

인생은
목소리로 결정된다

'목소리 큰 사람'만 채용하는 회사

얼마 전 만난 부동산 회사의 사장 E는 최근 1년간 판매액을 전년 대비 3배로 끌어올린 놀라운 수완가다. 올림픽을 앞두고 있어 부동산 시장이 호황이기는 하지만 그의 회사가 취급하는 지역은 지바, 사이타마, 가나가와 같은 수도권 주변부였다. 빈집과 노는 땅이 많은 지역에서 3배의 성장을 이룰 수 있었던 것은 부동산 경기와 무관해 보였다.

그가 이끄는 회사는 철저한 소수정예주의를 고집하며 200억 엔(약 2,000억 원)에 달하는 판매액을 달성했다. 놀랍게도 회사 사원은 30명 남짓이다. 이렇게 적은 인원으로 굉장한 실적을 올린 것이다. 그 비결은 '목소리 큰 사람'을 우선적으로 채용했기 때문이라고 한다.

"목소리를 들으면 그 사람의 정신력이 대충 파악됩니다. 목소리가 큰 사람은 자신감이 넘치고 주저하는 법이 없습니다. 울림이 좋아서 상대에게 마음이 잘 전달되고 금세 신뢰를 쌓을 수 있죠."

목소리는 에너지의 상징이다. 목소리가 크면 넘치는 에너지가 전해져 듣고만 있어도 기운이 난다. 반면 작은 소리로 소곤대면 열의가 없어 보여 비즈니스에도 좋지 않은 영향을 미친다. 작은 목소리로 웅얼웅얼 말하는 사람치고 운좋은 사람은 없다고 해도 될 정도다.

큰 목소리로 대화를 나누며 서로의 에너지를 북돋자. 최근에는 긴 이야기도 톡으로 대신하는 경우가 많아 대화할 기회가 별로 없다. 이런 상황에서 얼굴을 마주보며 나누는 대화의 중요성은 더욱 커졌다.

운을 키워주는 목소리 트레이닝

'인생은 목소리로 결정된다.'는 광고문구가 있었다. 밝고 좋은 목소리는 강운을 끌어들이는 힘이 있다는 뜻이다.

그런데 발성은 부모를 닮은 경우가 많다. 유전의 영향도 있겠지만 어려서부터 부모의 목소리를 듣고 발성법을 따라 했기 때문이기도 하다.

발성법은 훈련으로도 충분히 개선할 수 있다. 예전에 나는 가수들이 날 때부터 목소리가 좋고, 성량도 큰 줄 알았다. 하지만 가수들은 대부분 정확한 발성법을 구사할 때까지 철저한 보이스 트레이닝을 받는다고 한다. 물론 데뷔 이후에도 연습은 계속된다.

요즘은 영업사원을 비롯한 일반인 중에도 좋은 목소리를 위해 보이스 트레이닝을 받는 사람이 많다. 그렇게 좋은 목소리가 갖춰지면 대화에 자신감이 생겨 좋은 성과로 이어진다.

목소리에 자신이 없다면 따라 해보자.

① 복식호흡을 연습한다.

보통 호흡을 할 때 우리는 흉골을 여닫으며 폐로 숨을 마시고 뱉는다. 그러나 복식호흡은 횡격막을 이용한 호흡법이다. 이는 자연의 기가 쉽게 흡수되고 자율 신경 기능이 활발해지는 등 건강에 이로운 호흡법이다. 짜증과 불안을 진정시키는 효과도 있다.

복식호흡을 할 때는 먼저 허리를 펴고 코로 천천히 숨을 들이마신다. 이때, 공기를 아랫배까지 넣는다고 상상한다. 숨을 마실수록 배가 불룩해지면 복식호흡을 하고 있다

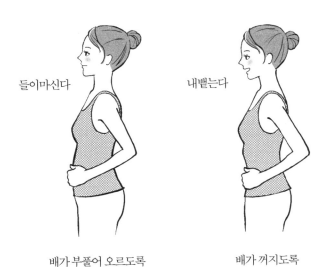

들이마신다

내뱉는다

배가 부풀어 오르도록
천천히 숨을 들이마신다.

배가 꺼지도록
천천히 숨을 내뱉는다.

복식호흡법

는 증거다. 그다음 입으로 천천히 숨을 내뱉는다. 몸에 해로운 것을 밖으로 내보내듯이, 마실 때보다 2배 느리게 완전히 내뱉어야 한다.

② 다양한 표정을 연습한다.

좋은 목소리를 내는 필수 조건은 '표정'이다. 표정이 없으면 목소리가 어두워진다. 거울을 보고 반복해서 다양한 표정을 연습해라. 얼굴 근육을 쓰는 데 익숙해질수록 목소리도 점점 잘 나올 것이다.

③ 입을 크게 벌리고 연습한다.

목소리는 성대에서 나오는데, 성대를 잘 써서 큰 목소리를 내려면 입을 충분히 벌려야 한다. 거울 앞에서 입을 크게 벌리고 목구멍 속 목젖이 보이는지 확인한다. 목구멍 속이 보이면 합격이다. 입을 가로, 세로로 크게 벌리는 연습, 입꼬리를 올리는 연습, 웃는 얼굴로 말하는 연습을 반복한다.

④ 고음을 연습한다.

팔을 들어 올리며 소리를 내면 자연스럽게 고음을 낼 수 있다. 매일 반복해서 연습하면 낼 수 있는 음이 점점 높아질 것이다.

⑤ 발성을 연습한다.

아, 에, 이, 오, 우를 반복하여 발성한다. 또한 연습하는 과정에서 한 번씩 자신의 최대 성량을 시험해보자. 마땅한 장소가 없으면 노래방 같은 곳에서 연습하는 것도 좋다. 점점 목소리가 커지는 것을 확인할 수 있을 것이다.

당신의 언어는 곧 당신의 인격

장기선수 후지이 소타는 혜성처럼 나타나 14세에 4단으로 승격했다. 또한 프로에 입성한 이래 15세 4개월의 나이에 통산 50승을 했고, 15세 6개월에 전 기사가 참여하는 '아사히배 장기 오픈전'에서 우승하며 6단으로 승단했다. 그는 15세 9개월에 7단 승단으로 최연소 기록을 잇달아 갱신하며 지금도 파죽지세로 진격 중인 화제의 기사다.

그의 눈부신 기록 못지않게 주목을 끌며 좋은 평판을 받고 있는 것이 또 있다. 바로 15세답지 않은 풍부한 어휘력과 겸손한 화법이다. 기왕전 예선에서 사와다 신고 6단을 상대로 승리했을 때 그는 "제 실력으로 보면 요행이라고밖에 표현할 말이 없습니다."라며 승리에 대한 소감을 차분하게 전했다. 덧붙여 '본인의 굿즈 상품이 품절 상태인데 혹시 사용하고 있는가?'라는 질문에도 "직접 사용하기가 부끄럽습니다. 저 개인보다는 장기 자체에 좀 더 관심을 가져주신다면 더 기쁠 것 같습니다."라며 겸손하게 답했다. 이런 보도가 나올 때마다 나는 그동안 만났던 성공한 사람들을 떠올린다. 그들은 대부분 풍부한 어휘력과 화법, 말투로 때와 장소에 알맞은 언어를 구사했기 때문이다.

30대에 연 수입이 수억 엔이며, 일본과 미국에 고객들이 있어 양국을 안방처럼 드나드는 국제 변호사와 일을 한 적이 있다. 그는 아무리 바빠도 정중하고 정확한 언어를 구사했다. 당연히 영어도 원어민 수준이었지만 일본인과 대화할 때는 불필요한 영어를 쓰지 않았다. 그 점도 상당히 인상적이었다. 영어를 잘하는 사람 중에는 일본인과 대화할 때도 어색하게 영어를 섞어 쓰는 사람이 많기 때문이다.

　때와 장소에 맞는 언어를 구사할 줄 아는 사람은 모두가 진지하게 대할 수밖에 없고 그 결과, 점점 큰 기회를 얻게 된다. 자신의 한계를 끌어올려 더 위로 올라간다. 말에는 이처럼 강한 운을 부르는 힘이 숨어 있다. 부적절한 말투와 빈곤한 어휘력으로는 타인의 신뢰를 얻을 수 없으며 결국 운을 잃게 된다. 구사하는 언어는 인격의 일부이므로 절대 무시해서는 안 된다.

22

주도적으로 일하는 사람이
운도 강하다

빼질거리게 생겼는데 의외로?

성실한 사람은 의외로 인기가 없고 업무 능력도 떨어지는 경우가 많다. 사람은 본질적으로 자유분방하게 살고 싶어 한다. 하지만 자유가 늘 허락되는 것은 아니다. 학생은 공부를 해야 하고 사회에 나가면 일을 해야 한다. 이때 공부나 일을 어떻게 하느냐가 중요하다. 성실한 사람은 무엇이든 해야 한다는 생각에 사로잡혀 여유롭게 살지 못한다. 이렇게 살면 점점 숨이 막히는 답답한 사람이 되고, 주위 사람들도 '딱히 나쁜 녀석은 아닌데….' 하고 거리를 두게 된다. 게다가 열심히 하는 것 치고 성과가 별로 좋지 않다. 당연히 운에서도 점점 멀어진다.

일의 요점을 파악했다면 나머지는 자신의 재량으로 자유롭게, 하고 싶은 대로 하면 된다. 아이러니하게도 그럴 때 더 성장할 수 있고 성과도 좋다. 운이 좋아지고 강해지는 것은 말할 것도 없다.

주위에 '뺀질거리고 잘 놀게 생겼는데 의외로 일 잘하는' 사람이 있을 것이다. 그들은 무언가를 '해야 한다.'는 생각에서 벗어나 자유롭게 자기 생각대로 일을 진행한다. 무엇이든 하려 하지 말고 원하는 것을 기준으로 움직여라. 그래야 즐겁게 할 수 있다. 하고 싶은 일을 즐겁게 할 때 사람은 한 단계 업그레이드된다. 앞으로의 시대에는 자신이 원하는 바를 정확히 판단하는 예민함이 필요하다.

자신을 궁지에 몰아넣지 마라

운 좋은 사람은 자신을 궁지에 몰아넣지 않는 방법을 안다. 좋아하는 일만 하며 자유롭게 살 수는 없다. 오히려 하기 싫은 일, 무거운 짐, 역경이 훨씬 많다. "일이 힘들어.", "스케줄이 너무 빡빡해." 하고 앓는 소리를 하기 시작하면 끝이 없다. 어차피 해야 할 일이라면 불평하지 말고 즐겁게 하자.

자신을 궁지에 몰아넣지 않는 요령은 빠른 결정, 그리고 빠른 실천이다. 할 일을 앞에 두고 망설이기보다는 담담하게 마음을 먹고 빨리 착수해서 빨리 끝내는 것이 훨씬 후련하다. 책상에 자료가 산더미처럼 쌓여 있다고 치자. 이것을 일일이 입력해서 해석하는 것은 매우 방대한 작업이다. 그러나 이럴 때일수록 해야 한다는 부담감을 떨치고 담담하게 눈앞의 작업에만 집중하자. 처음에는 거대한 덩어리 같아서 어디부터 손대야 할지, 제때 끝낼 수는 있을지 막막할 수도 있다. 하지만 괜찮다. 모든 일은 언젠가 끝난다는 사실을 기억하자.

할 수 있는 일부터 차근차근 하다 보면 반드시 길이 보인다. 그 순간의 기쁨은 말로 다 표현할 수 없다. 그때부터는 일이 점점 즐거워진다. '이번 일 마치면 전부터 궁금했던 니시아자부의 레스토랑에 가야지.', '하루 날 잡아서 느긋하게 온천에 다녀오자.' 등 나에게 줄 선물도 준비해보자.

즐겁게 일하는 방법을 터득하면 그때부터 모든 것이 편하고 즐거워진다. 인생을 즐기는 사람에게는 운도 따른다.

4

좋은 사람들이 평생 곁에
머무는 인간관계운

인간관계는 삶의 보물이다.
보물을 거칠게 다뤄선 안 된다.
연과 운은 어딘가 상통하는 부분이 있어서
인연을 소중히 여기면 운도 반드시 좋아진다.

23

운은 결국
'사람'이다

인맥이 넓어지는 기억법

친한 지인에게서 '강연 및 출판계에 발 들인 지 10주년이 됐다.'는 메일을 받고 깜짝 놀랐다. 그는 현재 해당 분야 최고의 반열에 올라 있고 강연과 세미나는 늘 만원일 만큼 인기다. 수십 권에 이르는 저서 중에는 10만 부 넘게 팔린 베스트셀러도 여럿 있다.

겨우 10년 만에 이 정도 커리어를 쌓는 사람은 드물지 않을까. 적어도 내가 알기로는 그렇다. 그만이 가진 결정적 장점을 생각해 보았더니 그에게는 굉장히 넓은 인맥이 있었다. 그는 만나는 모든 사람에게 마음을 열고 그들과 즐겁게 대화를 나눈다. 대화 중에 상대가 "홋카이도에 사신다고

요? 좋으시겠어요. 홋카이도로 여행 갔을 때 아침에 수확한 옥수수를 먹은 적이 있는데 지금도 그 맛을 잊을 수가 없습니다."라고 말했다고 치자. 이 대화를 할 때가 겨울이었고, 당사자도 자신이 한 말을 잊고 있었다. 그런데 어느 여름날 그에게 옥수수 선물이 도착하는 식이다. 이런 일을 경험하면 그 사람을 잊으려야 잊을 수가 없게 된다.

물론 모종의 계산이나 속셈이 있는 것은 아니다. 그는 나에게도 여러 번 호의를 베풀었다. 그에게는 늘 상대가 기뻐하는 일을 해주려는 순수한 마음이 있다. 순수한 호의는 상대의 마음에 바로 와 닿는 법이다. 그는 친구가 점점 늘어나면서 지금의 넓고 깊은 인맥을 구축하게 되었다. 그의 전화번호부에 저장된 연락처는 10년 사이에 무려 10배 이상 늘었다고 한다. 그렇게 인맥이 넓어지면서 그의 활동 무대도 한 단계 업그레이드되었다.

선톡하는 사람이 운도 좋다

그 지인 덕분일까, 나도 친구나 지인이 많은 편이다. 지금도 계속 늘고 있다. 하지만 나는 그처럼 마음 씀씀이가 세심하지 못하다. 상대가 호의를 베풀 때마다 미안함을 느끼며 '다음에는 나도 이렇게 해야지.'라는 마음만 먹고 있다. 그런데도 내가 아는 사람이 많은 이유는 꽤 자주, 내가 먼저 연락을 하기 때문이다. 갑자기 '그 사람 어떻게 지내고 있을까?' 하고 궁금해질 때가 있다. 그러면 바로 그 사람에게 연락을 한다. 첫 줄은 '오랜만! 그냥 생각나서 연락했어.'라고 솔직하게 쓴다. 자기가 생각났다고 해서 기분 나쁠 사람은 없다. 대부분 '이야, 오랜만이야. 메일 받고 기뻤어.'라는 답장이 온다. 때로는 이렇게 번개가 성사되어 예전 단골집에서 잔을 기울일 때도 많다.

얼굴을 보며 대화하는 것은 꽃에 물을 주는 것과 같다. 오랜 시간 연락이 두절되면 인간관계도 시든다. 나는 인간관계가 삶의 보물이라고 생각한다. 보물을 거칠게 다루고 싶지 않다. 그래서 내가 먼저 적극적으로 연락한다. 연과 운은 어딘가 상통하는 부분이 있다. 인연을 소중히 여기면 운도 반드시 좋아진다.

어려운 사람은 최고의 숫돌

그 인맥 넓은 지인이 어느 날 진지하게 말했다.

"최근에 깨달았는데, 거북한 사람일수록 고마운 존재라는 생각이 들어요. 나도 조금은 성장했다는 얘기겠죠?"

한동안 거북한 사람과는 최소한의 인간관계만 맺으면 된다고 생각했었다. 실제로 코드가 안 맞는 사람과 일을 할 때면 일이 끝나면서 그와의 인연도 끝났다. 이후에는 연락을 끊어 더 이상 알고 지낼 마음이 없다는 뜻을 암묵적으로 전했다. 안 맞는 사람과 억지로 만나봐야 관계 유지가 안 되기 때문이다. 그런 곳에 에너지를 낭비하는 것이 아까웠다.

하지만 그는 나보다 한 수 위였다. 상대에게 거북함을 느끼는 이유가 자신에게 있을지도 모른다고 생각했다. 그래서 그 사람과의 관계를 곰곰이 되짚어 보았다. 역시나 자신의 울렁증이 문제였다. 그 때문에 별 뜻 없는 말과 행동을 순수하게 받아들이지 못했던 것이다.

"울렁증이 느껴지는 상대는 의외로 나와 비슷한 타입이에요. 괜한 경쟁심리가 발동해서 이 녀석만은 꼭 눌러야겠다는 생각이 드는 거죠."

자신의 심리 상태를 깨달은 뒤로는 태도가 달라졌다고 한다. 그런 사람을 만날 때마다 더 기합을 넣고 기어도 한 단계 올렸다고 한다. 더욱 노력해서 상대에게 다가가고, 먼저 말을 걸고, 함께할 기회를 마련했다. 그렇게 조금씩 공을 들여서 인연을 발전시켰다고 한다.

이런 인연은 처음부터 마음이 잘 맞았던 사람보다 친해지기까지 2~3배의 시간과 수고가 필요하다. 그는 중간에 몇 번이나 포기하고 싶었지만, 그 고비만 잘 넘긴다면 더 깊은 인간관계를 다질 수 있다고 말했다. 게다가 어려움을 극복했다는 만족감과 성취감도 크다. 그는 후련하다는 표정으로 "자기만족일 수도 있지만 조금은 성장한 느낌입니다."라고 말했다. 성취감, 만족감이 고양될수록 운은 틀림없이 좋아진다.

"사람은 사람을 통해서만 발전할 수 있다. 인생에서 만나는 모든 사람이 나를 갈고닦는 숫돌과 같다. 어려운 사람은 그중에서도 최고의 숫돌이다."

예전에 일본의 전통 음악인 방악 인간문화재에게서 들은 말이다. 어려운 인간관계일수록 소중히 유지해야 한다.

새로운 친구를 사귀는 법

'도전'이라는 말에 지레 겁을 먹는 사람도 있을 것이다. 하지만 생활 속에서 가볍게 도전해볼 수 있는 기회는 많다. 예컨대, 단골 식당에서 항상 먹던 것 대신 한 번도 안 먹어본 메뉴를 주문해볼 수 있다. 또는 조금 돌아가더라도 늘 다니던 길에서 벗어나 새로운 길로 가볼 수 있다. 이렇듯 사소한 도전은 마음에 새바람을 불어 넣는다. '즐거운' 체험을 거듭하면 신기하게도 그동안 귀찮고 내키지 않았던 일도 가볍게 극복할 수 있을 것 같은 기분이 든다.

새로운 인간관계의 진전은 운과 가장 밀접한 관련이 있다. 연말이나 연초에 지인들에게 안부 인사를 보낼 때 받는 사람 목록이 작년과 똑같다면 주의해야 한다. 적어도 지난 1년간은 운이 제자리에 머물러 있거나 나빠지고 있다는 신호이기 때문이다.

최근에는 개인정보 유출 문제로 명함이나 전화번호 교환을 꺼리는 사람이 많다. 하지만 새로운 사람을 만났으면 연락처를 교환하고 친구 목록에 저장하는 것이 훨씬 보람찬 일이다. 물론 모든 사람이 그런 건 아니지만 관계가 발전되면 거기서 새로운 운이 싹튼다. 그래서 예기치 못한 방향으로 발전할 수도 있다.

나는 가끔 혼자서 여행을 간다. 여행지에서는 긴장이 풀어지는지, 종종 새로운 친구를 사귈 때가 있다. 내가 '소중한 친구'로 여기는 사람 중에는 이렇게 만나 오랜 교류로 발전한 사람이 꽤 있다.

24
스스로에게 부끄러운 행동은
하지 않는다

'나 하나쯤은 괜찮겠지.'라는 생각을 버려라

법이나 규칙을 어긴 적이 없다고 믿는 사람이 많을 것이다. 하지만 세상은 규칙 위반으로 넘쳐난다. 예컨대, 안 되는 것을 알면서도 무심코 길거리에 쓰레기를 버리는 사람이 의외로 많다. 방범상의 이유로 역이나 공원의 쓰레기통을 없앤 것도 한몫한다. 때문에 지하철역이나 공원에 가 보면 엄청난 수의 음료수 컵과 음식 포장지가 널브러져 있다. 편의점 앞 쓰레기통에 넣는 경우도 사실 길에 버리는 것과 다르지 않다. 내가 만든 쓰레기는 직접 처리해야 한다. 인간으로서 마땅히 해야 할 일도 하지 못한다면 운은 좋아질 수 없다.

하뉴 유즈루 선수는 평창올림픽 남자 피겨스케이팅에서 금메달을 따며 올림픽 연패를 달성했다. 약 11만 명의 관중이 그의 개선 퍼레이드를 보기 위해 거리를 가득 메웠다. 그런데 놀랍게도 퍼레이드가 끝난 도로에는 쓰레기라고는 비닐봉지 몇 개만이 남아 있었다고 한다. 하뉴 선수를 욕되게 하지 않으려고 팬들이 자발적으로 쓰레기를 수거한 것이다. 이처럼 마음만 먹으면 쓰레기를 집으로 가져가는 것쯤은 누구나 쉽게 할 수 있는 일이다.

'분리수거 철저히 하기, 금지 구역에 자전거 세우지 않기, 회사 비품 가져가지 않기, 호텔 비품 가져가지 않기, 대출한 책은 기한 내에 반납하기, 안 살 물건은 제자리에 갖다 놓기' 등의 규칙들은 사실 '나 하나쯤은 괜찮겠지.'라고 생각하고 어기기 쉬운 것들이다. 제대로 된 시민의식을 갖추고 스스로 부끄러운 행동은 하지 않도록 하자. 이러한 마음가짐이 쌓여 좋은 운, 좋은 인생으로 이어지는 것이다.

반사적 거짓말은 불운의 씨앗

거짓말이 나쁘다는 걸 잘 알면서도 인간은 태연히 거짓

말을 하는 습성이 있다. 지각을 했을 때 순간적으로 "죄송합니다. 전철이 늦게 와서…"라고 거짓 핑계를 댈 때가 종종 있다. 늦잠을 잤다고 솔직하게 말할 용기가 부족한 것이다. 거짓말을 하는 사람의 심리 속에는 잘못을 인정하기 싫거나 실제보다 자신이 더 잘나 보이고 싶어 하는 처세가 숨어 있다. '남 탓'이 그 증거다.

'고객이 자료를 늦게 넘겨 납기일을 못 맞췄다.', '상대가 위치를 애매하게 말해서 미팅 장소가 엇갈렸다.' 같은 식이다. 그러나 자료가 넘어오지 않았다면 중간에 재촉했어야 하는 것 아닐까. 약속 장소가 헷갈리면 상대방에게 정확히 확인하면 될 일이다. 즉, 원인은 분명히 자신에게 있는데도 발뺌하는 것이다. 자신의 행동에 책임지지 않는 것만큼 비겁하고 한심한 태도는 없다. 언제까지고 발뺌만 하는 태도는 운을 점점 멀어지게 할 수밖에 없다.

25

말에는 운을 끌어당기는 힘이 있다

영국에서 들은 의문의 "큐!"

앞에서 말했듯이 나는 영국에서 몇 년간 산 적이 있다. 영국으로 막 건너갔을 때는 영어가 서툴러서 상대방의 말을 못 알아들을 때가 많았다. 그중에서도 가장 의문스러웠던 말이 있다. 버스를 타러 가는 길에서 누군가와 몸이 스칠 때면 항상 상대가 "큐!"라고 말하는 것이었다. 그때마다 나는 '큐!'의 의미가 매우 궁금했다.

이윽고 귀가 뚫리면서 그 비밀을 알게 되었다. '큐!'는 다름 아닌 '땡큐!'였다. 알아듣지 못할 만도 했다. 그들은 별것도 아닌 일에, 너무 자주, 너무 주저 없이 "큐!"라고 말하기 때문이다. 길에서 몸이 스칠 때는 어느 한쪽이 살짝 오른쪽이나 왼쪽으로 비켜서고 반드시 "땡큐!"라고 말한다. 카페에서 웨이터가 커피를 가져다줘도 "땡큐!", 택시에서 내릴 때도 기사에게 "땡큐!"라고 말한다.

당시 나는 고마움을 자주 표현하는 영국인들이 멋있어 보였다. 그 후로는 나도 반사적으로 "고맙습니다."라고 말하는 버릇이 생겼다. 쇼핑하고 물건을 받거나 아파트 관리인이 청소하는 모습을 보면 "고맙습니다." 하고 인사를 건넨다. 사실상 돈을 주고 물건을 산 것이기 때문에 내가 고마울 필요는 없다. 아파트 관리인에게도 마찬가지다. 적지 않은 관리비를 납부하기 때문이다. 하지만 나는 오랜 경험을 통해 "고맙습니다."라는 말에 마법 같은 힘이 있다는 것을 배웠다. 아무 이유 없이 "고맙습니다." 하고 인사하면 마음이 포근해지면서 기분이 좋아진다.

하루에 20번만 꼭 해볼 것

그래서 누구를 만나든 나를 위해 "고맙습니다." 하고 인사를 건넨다. 서류 전달처럼 사소한 일에도 고맙다는 인사를 주고받는 회사는 갈등과 충돌이 적다. 그리고 그 효과가 가장 큰 곳이 바로 가정이다.

　매일 가족을 위해 식사를 준비해주는 아내에게 "고마워요."라고 말한다. 남편이 술에 취해 늦게 들어왔을 때 "또 술이야?" 하고 까칠하게 굴지 말자. "늦게까지 고생 많았어. 당신한테 늘 고마워."라고 다독이면 평화롭고 따뜻한 가정을 유지할 수 있다. 고맙다는 말은 운 에너지를 강하게 만드는 효과가 있다. 이 말에 담긴 신비로운 힘은 누구나 경험할 수 있다.

　말은 습관이다. 처음에는 기회가 될 때마다 해보자. 이윽고 습관이 되면 노력하지 않아도 자연스럽게 나올 것이다. 그래도 하루에 20번은 의식적으로 고마움을 표현해, 완전히 내 안에 각인시키자. 누군가 문자나 톡을 보내면 먼저 고맙다고 답하자. 느긋하게 답장할 상황이 안 되면 '고마워. 나중에 제대로 답장할게.'라고 보내둔다. 그렇게 하면 고맙다는 인사의 신비로운 힘 덕분에 점점 운 좋은 사람이 된다. 내 경우에는 무언가로부터 짜증나고 괴롭다는 생각이 거의 사라졌다.

　모든 일은 생각하기 나름이다. 짜증나고 괴로운 일이

없는 인생은 얼마나 운 좋은 인생이겠는가. 나는 매일 만족스러운 나날을 보내고 있다.

좋은 에너지가 가득한 말

"미안합니다." 역시 운 에너지로 가득한 말이다. 굳이 비교하자면 '미안합니다.'는 '고맙습니다.'에 비해 진입장벽이 높다. 분명 내가 잘못한 일인데도 "그게 아니라…, 근데…"가 먼저 나오기 때문이다. 인간은 누구나 스스로를 지키려는 강한 방어 본능이 있다. 그래서 잘못을 인정하기란 쉽지 않다.

육아 경험이 있는 사람은 알 것이다. 아이들이 어릴 때부터 "고맙습니다."라는 말은 쉽게 하지만 "미안합니다."라는 말은 잘 못한다는 사실을 말이다. 어린아이조차 '사과는 잘못을 인정하는 행동이자 스스로를 지키지 못한 일'로 여긴다. 나도 몇 번의 재촉 끝에 어린아이에게 사과를 끌어낸 적이 있다. 바꿔서 생각하면, 말하기 어려운 만큼 큰 가치가 있다는 것 아닐까.

만사를 이기고 지는 것으로 표현하는 것은 좋지 않다.

대립이 발생했을 때 먼저 "미안합니다."라고 말하는 쪽이 이기는 것이다. 먼저 잘못을 인정하면 상대방도 "내가 심했어." 하고 한 발짝 다가온다. 이때 "거 봐라." 하며 승리를 과시하면 가까이 와 있던 운이 다시 멀어진다. 이럴 때는 "둘 다 잘한 거 없지 뭐." 하고 서로 용서해야 한다. 그리고 상대를 받아들이는 것이다. 그래야 진심으로 서로를 이해할 수 있다.

용서하는 마음은 상대방과 나를 다정함으로 에워싼다. 따뜻한 마음은 운에도 긍정적으로 작용한다. 그때부터 모든 일이 원하는 방향으로 나아가게 되는 것이다.

26

들뜬 기분도 과하면
독이 된다

감정도 과유불급이다

사람은 이성적인 생물이자, 본질적으로는 감정적인 생물이다. 머리로는 납득해도 마음이 동하지 않으면 무슨 일이든 잘 안 풀린다는 것을 자각하는 것이 좋다. 말했듯이 분노의 파괴력은 기쁨, 즐거움 등 다른 감정의 발목을 잡기도 한다. 감정은 일단 한 방향으로 향하면 점점 가속도가 붙는다. 분노, 슬픔 등 부정적 감정은 차치하고 기쁨, 즐거움 같은 긍정적 감정은 증폭될수록 운도 좋아질 거라고 생각하는 사람이 많다. 하지만 무엇이든 정도가 지나치면 안 좋은 결과로 이어진다는 것을 명심하자.

도박에서 대패하는 가장 큰 이유는 연전연승이 이어지

기 때문이라고 한다. 아무 근거도 없이 '오늘은 나에게 승운이 따른다.'고 믿으며 거침없이 베팅하지만 도박에서 영원히 행운이 따를 일은 없다. 정신을 차려보면 방금 전까지의 승운은 온데간데없다. 그러나 너무 들뜨지 않되, 냉담해질 필요도 없다. 중요한 결정을 내리거나 추진할 때는 중립을 지키자. 감정이 격해질 때는 잠시 시간을 갖는 것도 좋다. 금세 머리와 마음이 진정될 것이다.

러너스 하이의 역설

예전에 취재한 한 기업의 사장은 이런 말을 했다.

"매출이 날로 증가하는 것만큼 무서운 게 없습니다. 저나 사원들이나 기분에 취해서 허점을 놓치게 되거든요. 원래 일이 순조로울 때 문제점을 개선해야 하는데, 인간은 어리석어서 그게 잘 안 되죠."

러너스 하이runner's high라는 말이 있다. 마라톤 같은 경기에서 시간이 지날수록 기분이 고조되어 황홀감, 도취감이 극에 달하는 상태를 말한다. 각성제와 같은 효과가 있는 '베타엔도르핀'이라는 호르몬이 뇌에서 분비되기 때문이다. 기분이 좋은 것까지는 괜찮지만 이 상태가 지속되면 본래 능력 이상으로 달리게 된다. 그 결과 느닷없이 펑크가 나버린다. 너무 지나치면 이렇게 예상치 못한 일이 일어나기도 하는 것이다.

일을 할 때도 마찬가지다. 상승세가 지속되면 분위기에 취해 사업을 확장한다. 하지만 확장하는 크기만큼 상처는 깊어진다. 작은 상처는 금세 회복할 수 있지만 큰 상처는 회복하기까지 오랜 시간이 걸린다. 상승세가 지속될 때는 허점을 재검토하라는 신호로 받아들이자. 달리기를 잠시 멈춰야 한다. 기세가 지나치게 맹렬할 때 일부러 브레이크를 잡는 것이다. 열이 적당히 가라앉고 나면 오히려 더 빨리 달릴 수 있는 힘이 생긴다.

27

"좋은 아침!"이
진짜 좋은 아침을 만든다

기분 좋은 인사, 그 이상의 것

가족들이 "좋은 아침!" 하고 말을 건넨다. 원거리 연애 중인 남자친구 혹은 여자친구가 '좋은 아침!'이라는 문자를 보낸다. 이런 메시지를 마주할 때마다 '역시 사람은 사람에게서 힘을 얻으며 살아가는 거야.' 하고 자신을 둘러싼 인간관계에 진심으로 감사하게 된다.

일터에서도 마찬가지다. 사무실에 들어서며 "좋은 아침!" 하고 활기차게 외치면 동료들에게서도 힘찬 대답이 돌아온다. 이러한 인사 속에서 기분이 좋아지고 하루를 알차게 보내기 위한 에너지가 솟아오른다. 인사는 좋은 하루, 행복한 하루를 시작하는 스위치 기능을 한다.

인사는 상대의 마음을 열고 더 가까이 다가가는 가장 빠르고 효과적인 방법이다. 즉, 올바른 인간관계를 맺는 최고의 수단이다. 그런데 최근 들어 가족끼리는 아예 인사를 하지 않는 경우가 많아졌다. 직장에서도 말없이 손만 흔드는 것을 인사로 여기는 사람이 늘고 있다. 입으로는 "좋은 아침!"이라고 하면서 시선은 스마트폰을 향한 사람도 많다. 이것은 제대로 된 인사가 아니다.

인사는 상대의 마음을 밀어서 여는 말이기 때문에 상대를 똑바로 보고 마음에 닿을 수 있도록 해야 한다. 그것이 올바른 인사라는 것을 다시금 마음에 새겼으면 한다. 인사에 한마디를 보태면 더욱 완벽해진다. "오늘도 그 고객 건, 잘됐으면 좋겠다.", "어제 감기 기운이 있다더니 좀 괜찮아?" 하고 상대를 북돋고 위로하는 말이다. 이러한 말 한마디를 덧붙이면 인사는 상대방을 위한 특별한 것이 된다.

누구나 '나만을 위한 특별함' 앞에서는 약해지는 법이다. 그 인사 덕분에 기분이 좋아져서 오늘 하루를 행복하게 보낼 수 있을 것이다. 상대를 행복하게 만드는 것은 대운을 부르는 최고의 방법이다. 또한 큰 목소리로 힘차게 인사하면 스스로도 기운이 솟고 행복해진다. 이런 날은 소소한 행운이 이어지거나 춤이 절로 날 만큼의 운이 따르기도 한다.

운을 부르는 세로토닌의 마법

요즘은 덧문을 열고 아침 해를 맞는 집이 드물지도 모르겠다. 그런데 이렇게 간단한 아침 습관이 몸과 마음에 좋은 영향을 미친다고 한다. 아침 해를 쬐면 뇌는 완전히 각성하여 하루를 상쾌하게 시작할 준비를 한다. 매일을 밝고 활기차게 보내는 사람의 뇌에서는 세로토닌이 왕성하게 분비된다. 여기서 중요한 것이 바로 아침 해다.

뇌에는 여러 가지 신경전달물질이 존재한다. 그중에서도 세로토닌은 리더라 할 만큼 중요한 역할을 맡고 있다. 세로토닌이 부족하면 다음과 같은 증상이 나타난다.

- 금세 피곤해진다.
- 기력이 떨어진다.
- 자주 우울해진다.
- 매사에 시큰둥해진다.

• 잠을 못 잔다.

이래서는 운이 좋아질 수 없다. 아침 해는 세로토닌의
생성과 활성화를 이끌어준다. 태양만 그 역할을 할 수 있
다. 실내조명은 아무리 밝아도 500럭스lux 정도인데 세로
토닌 활성화에는 2,000~3,000럭스가 필요하다. 태양의 밝
기는 3,000~5,000럭스다. 흐리고 비가 오는 궂은 날씨에
도 대낮이 환한 이유는 구름을 뚫고 엄청난 양의 빛이 쏟아
지기 때문이다.

아침이 되면 커튼을 완전히 젖히고 태양의 위대한 빛을
흡수하자. 밖에 나가 온몸으로 쬐면 더욱 좋다. 20분 이상
이 가장 이상적이지만 1분만 쬐도 세로토닌 활성화에 스위
치가 켜진다고 한다. 아침 해를 맞으며 조깅을 하거나 전신
운동을 하면 더욱 좋다. 머리 회전이 빨라지고 기분이 한층
개운해진다.

기운이 완전히 충전됐다면 출근길에 만나는 사람들에
게 인사를 건네보자. 잠시 들른 편의점의 점원, 회사 경비
에게도 "좋은 아침입니다."라고 인사해보자. 현관 앞의 나

무나 화단의 꽃에게도 "좋은 아침!" 하고 인사를 건네자.

인사를 많이 할수록 운은 점점 좋아진다. 밝고 건강한 뇌에 가득한 세로토닌은 운을 부르는 마법이다.

28

좋은 기운이
멀리 퍼져나가게 하라

세심하고 다정한 행운아

'덕은 외롭지 않다. 반드시 이웃이 있다.'

《논어》에 나오는 이 말은 덕이 있는 사람은 고립되지
않으며 반드시 훌륭한 협력자를 얻는다는 뜻이다. 운도
이와 같아서 어느 무리 중에 한 사람만 운이 좋은 경우는
없다. 운에는 자기장 같은 것이 있는지, 운 좋은 사람은
대개 좋은 가족, 좋은 친구, 좋은 직장 동료들에게 둘러싸
여 있다.

인간관계는 테니스와 비슷하다. 내가 상대에게 공을 보
내면 상대방이 맞받아친다. 다른 점은 승패를 가릴 필요 없
이, 언제까지나 랠리를 즐겨도 된다는 것이다. 좋은 동료들

에게 둘러싸인 사람은 항상 마음 한켠에 상대를 생각하는 마음이 있다. 그래서 상대를 배려할 때도 자연스럽다.

지인 중에 정보 회사를 오랫동안 경영하고, 음식 분야에서 확실한 포지션을 구축한 여성이 있다. 회사는 크지 않지만 굉장히 바빠서 나와도 한참 만에 만날 때가 많다. 그런데도 만날 때마다 "이거 좋아할 것 같아서…"라며 무언가를 선물한다. 귀한 중국 꽃차, 멋진 문진 등이다. 얼마 전에는 실용적이고 예쁜 메모지를 선물 받았다. 독일 출장 때 샀다고 한다.

그녀가 이런 배려를 나에게만 베푸는 것은 아닐 것이다. 그녀의 머릿속은 늘 주변 사람에 대한 생각으로 가득하다. '이건 A씨가 좋아할 것 같다.', '이건 B씨가 좋아하겠는데?' 하고 생각한다. 계산적이지 않고, 비싸지 않은 선물이지만 이런 배려만큼 상대를 감동시키는 것은 없다. 자연히 나도 그녀가 소중하고 귀한 친구라고 생각하게 되었다.

사실 그녀의 회사는 몇 차례 어려움에 부딪힌 적이 있다. 신기한 것은 거의 모든 것을 포기한 순간에 큰 프로젝트가 들어오는 식으로 구원의 손길이 나타났다는 것이다.

아마 항상 주변 사람을 생각하는 그녀의 마음이 운을 탄탄하고 강하게 만들었을 것이다.

남을 위해 무언가를 할 수 있다는 만족감

친구의 경험담이다. 실버 세대인 그녀는 어느 날 횡단보도 한가운데서 넘어지고 말았다. 하지만 신호가 거의 끝나갈 때까지 아무도 도움의 손길을 내밀지 않아서 허겁지겁 짐을 주워 모아 간신히 건넜다고 한다. 마찬가지로 붐비는 지하철이나 버스에서 교통 약자 배려석에 앉아 있는 젊은이들을 보면 신경이 쓰인다. 발을 쭉 뻗고 앉아 스마트폰에 빠져있는 사람도 있다.

반면, 2년 전 베를린에서 포츠담까지 전철을 탔을 때 우리 일행을 본 독일 젊은이들이 경쟁하듯이 일어난 일이 있었다. 이러한 배려를 행동으로 옮기는 것이 멋쩍다고 생각하는 사람들이 있을 것이다. 이런 심리적 굴레는 쉽게 극복할 수 있다. 도움이 필요한 사람을 보면 바로 행동으로 옮기는 것이다. 지하철에 고령자나 아기를 안고 있는 사람이 있으면 주저 없이 일어서자. 양보 받은 사람도 "아뇨, 괜찮습니다." 대신 "고맙습니다." 하고 순수하게 호의를 받아들이자.

외국의 불우한 어린이를 위해 매달 3,000엔(약 3만 원)을 기부하는 지인이 있다. 그에게는 그것이 술 한 번 안 먹으면 되는 돈이다. 편의점에서 동전 거스름돈을 받으면 습관적으로 계산대 앞 기부함에 넣는다는 사람도 있다. 작더라도 어려운 사람을 위해 무언가를 할 수 있다는 것은 마음 따뜻해지는 일이다. 남을 위해 무언가를 할 수 있다는 만족감은 반드시 운의 힘도 끌어올린다.

작은 생명에도 큰 사랑을

보기에도 호탕한 영화배우 모리 이즈미는 입담과 행동이 거침없기로 유명하다. 어느 날 방송에 나와 지금의 남편을 택한 결정적 이유에 대해 말하는 것을 보고 그녀가 정말 좋은 사람을 골랐다고 생각했다.

연인이 되기 전 그를 비롯한 여러 친구들과 즐거운 시간을 보내던 중이었다. 지렁이가 기어가는 모습을 본 대부분의 사람들은 꺅꺅대며 눈살을 찌푸렸다. 심지어 발로 짓

밟으려는 사람도 있었다. 하지만 그의 남편은 가만히 지렁이를 집어서 나무 그늘의 흙에 살며시 올려주었다고 한다. 거리낌 없이 이런 행동을 하는 사람은 평소에도 작은 생물을 다정한 시선으로 바라보는 사람일 것이다.

집에서 개미를 발견하면 가차 없이 죽이는 사람이 많을 것이다. 왜 아무렇지 않게 생명을 앗아갈까. 물론 사람에게 피해를 주는 해충이라면 이야기가 달라진다. 그러나 단지 징그럽게 생겼다는 이유로 살생하는 것은 멈춰야 한다.

지금 일본에서는 그 어느 때보다 반려동물 열풍이 거세게 불고 있다. 자식이나 다름없이, 아니 오히려 친자식보다 더 반려동물을 예뻐하는 사람도 많다. 그러나 한편에서는 연간 7만 마리의 개나 고양이가 안락사를 당하고 있다. 심지어 상당수는 주인에게 버려진 강아지와 고양이라고 하니 할 말이 없다.

이러한 실태를 접한 아오모리 현의 어느 농업고등학교 학생들은 그 개와 고양이의 뼈가 폐기물로 처분된다는 것에 또 한 번 충격을 받았다. 거기서 시작된 것이 이른바 '생명의 꽃' 프로젝트다. 죽은 동물들의 뼈를 갈아 넣은 흙으로 꽃을 피우는 운동이다.

　이처럼 작은 생명에 큰 사랑을 쏟다 보면 운이 좋아질 수밖에 없다. 작은 생명에 깃든 생명 에너지와 운은 깊은 관련이 있기 때문이다.

29

행운의 아이템을
가져라

강렬한 애정의 힘

어느 젊은 투자가의 책을 만들 때 이런 이야기를 들었다.

그는 10대 중반, 부모님의 이혼에 충격을 받고 공부에 흥미를 잃었다. 그래서 원래 실력보다 낮은 대학의 문과 학부에 진학했다. 그곳의 선배들을 보고 있자니, 대학만 나와서는 평범하게 살게 될 것 같았다. 그래서 컴퓨터 1대로 할 수 있는 돈벌이에 도전했다. 바로 주식투자자, 데이트레이더가 된 것이다.

그는 대학 졸업 후 중간 규모의 투자회사에 입사하여 외화 및 외국채 투자를 담당했다. 애초에 회사원만 하다 죽을 생각이 없었던 그는 3년 후 독립해 그때부터 집에서 컴퓨터로 주식투자를 시작했다. 그리고 약 4년 후 30세가 되던 해에 나를 만났다. 일이 굉장히 잘 풀린 그는 1년에 3억 엔(약 30억 원)을 벌게 되었다. 당시에도 롯폰기의 고층 맨션 꼭대기에 살며 마세라티를 끌고 다녔다. 게다가 일은 하루에 4~5시간만 했다. 누가 봐도 나이에 비해 큰 성공을 거둔 '운 좋은 사나이'라고 생각할 만했다.

그러나 이 세상에 고민 없는 사람은 없다. 그 또한 업무상의 스트레스가 상당했다. 4년 동안 그를 믿고 자금 운용을 맡기는 고객이 늘었고, 굴리는 투자액의 규모도 점점 커졌다. 그는 무엇이든 빠르게 판단해서 결정했다. 그 판단에 따라 억 단위의 돈이 사라지기도 하고 불어나기도 했다. 나같은 사람은 상상도 못할 세상에 살고 있는 것이었다. 하지만 그는 언제나 밝고 건강했다. 신기해서 비결을 물었더니 비밀 병기가 있다고 털어놓았다. 그것은 다름 아닌 토이 푸들이었다.

"큰 손해를 보고 낙담했다가도 강아지를 품에 안으면 신기하게 기운이 나요. 화창한 날은 차를 몰고 근처 애견 운동장에 가서 지칠 때까지 달리죠."

돌아올 무렵이면 기분이 다시 좋아지고 새로운 에너지까지 충전된다고 했다. 이처럼 금세 기운을 되찾을 만큼 좋아하는 대상이 있다는 것은 실로 강한 무기가 된다. 그 강렬한 애정이 힘을 발산하기 때문이다. 좋아하는 일에 빠져 있다 보면 자기도 모르게 기분이 좋아질뿐더러 운에 가까워진다. 그도 강아지와 놀면서 찜찜함을 떨치면 갑자기 좋은 일이 생길 때가 많다고 했다.

좋아하는 것은 기운과 에너지를 준다

어떤 지인의 원기 회복 아이템은 최고급 초콜릿이다. 그녀가 소중하게 쟁여두는 그 초콜릿은 프랑스 고급 브랜드의 제품으로 한 조각에 1,000엔(약 1만 원)이나 한다. 초콜릿을 입에 살며시 넣고 보드라운 맛을 온몸으로 음미하면, 맛도 맛이지만 극강의 사치를 부리는 것 같아 더 행복하다고 한다.

내가 애정하는 아이템은 도쿄 신바시에 위치한 어느 가게의 라멘이다. 중성 지방 수치가 살짝 높아서 평소에는 안 먹지만 기분이 엉망인 날은 모른 척하고 먹는다. 일부러 지하철까지 타고 가서 금단의 맛을 만끽한 후 생기를 되찾곤 한다.

좋아하는 일을 업으로 삼은 사람은 돈이 많지 않더라도 진심으로 행복한 표정을 짓고 있다. 아는 프리랜서 카메라맨이 그렇다. 그는 원래 대기업의 엘리트 사원이었다. 하지만 보도 전문 카메라맨이 되고 싶어서 30대 중반에 회사를 나왔다. 그리고 그때부터 '동에 번쩍 서에 번쩍' 하는 나날을 보내고 있다. 세계의 분쟁 지역과 난민 캠프 등 일반인이라면 꺼릴 만한 곳만 찾아다닌다. 여전히 돈은 별로 없는 것 같지만 몇몇 상을 받았고, 언제 만나도 만족에 겨운 표정이다. 애정하는 아이템은 운과 힘을 준다. 좋아하는 일을 하면 자연히 운이 좋아지고 인생의 만족도가 높아진다. 이것만은 단언할 수 있다.

5

좋은 운을 담는
좋은 그릇이 돼라

운은 순식간에 좋아질 수 있다.
행운과 불행을 결정하는 것은 마음가짐이다.
특히 '감사'는 운을 좋아지게 하는 가장 효과적인 감정이다.
감사하는 순간부터 운은 빠르게 좋은 방향으로 나아간다.

30

원하는 인생을 살기 위해서는
'운'을 쌓아야 한다

뚜렷한 목표와 강한 정신력

야구선수 오타니 쇼헤이는 '홋카이도 니혼햄 파이터스'에서 'LA 에인절스'로 이적한 후, 투수와 타자를 오가며 맹활약 중이다. 그의 향후 행보에 대한 팬과 미일 야구 관계자들의 관심도 뜨겁다. 사실 프로의 세계에서 투타 겸업을 고집한다는 비판도 많았다. 그러나 오타니 선수는 한 치의 흔들림이 없다. 오히려 불안한 시선을 잠재우듯 멋지게 활약하는 모습을 보여주고 있다. 어린 나이에도 항상 뚜렷한 목표를 세우고 돌진하는 강한 정신력이 매력적이다.

그의 정신력은 고등학교 1학년 때 직접 작성한 '목표 달성표'에서 비롯되었다고 한다. 이 표는 정사각형을 9등분 한 뒤 각각을 다시 9등분 한 형태다. 그렇게 총 81개의 사각형 안에 목표와 그것을 이루기 위한 요소가 적혀 있다. 전체적인 틀은 오타니 선수의 모교인 하나마키히가시고등학교 야구부의 사사키 히로시 감독이 기업의 인재육성 시스템 등을 참고해 만들었다고 한다.

오타니 선수는 목표 달성표 정중앙에 '8구단 드래프트 1순위'라고 적었다. 이것은 모교 선배인 기쿠치 유세이 선수가 드래프트 회의 후 여러 구단에게 1순위로 지명 받고 메이저리그 8개 구단과 면담한 것을 의식한 듯하다.

그리고 9개의 작은 사각형 가운데에는 '몸 만들기', '정신력 키우기', '인간성 키우기' 등 누가 봐도 납득할 만한 목표들이 적혀 있다. 그중에서도 눈길을 끄는 것이 바로 '운'이다. 오타니 선수는 15살이라는 어린 나이에도 꿈을 이루려면 반드시 '운'이 필요하다는 것을 알고 있었던 것이다.

간절한 사람에게 운도 따른다

고교 시절부터 두각을 나타낸 오타니 선수는 일본 프로야구를 거치지 않고 바로 미국에 진출했다. 마이너리그부터 시작해서라도 메이저리그에 들어가겠다는 꿈을 품은 것이다. 메이저리그 구단은 전부 비슷해 보여도 전통과 환경이 각양각색이다. 따라서 어느 팀에서 오타니 선수에게 관심을 보일지는 운에 달려 있었다. 꿈이 무산되면 일본 프로야구에 진출하는 것도 염두에 두었을 것이다.

프로야구 선수를 지망하는 신인에게는 '드래프트' 기회가 주어진다. 드래프트 회의란, 지명 선수가 겹칠 경우, 각 구단의 대표가 제비뽑기로 희망 선수를 지명하는 제도다. 선수에게는 올가미처럼 보이기도 하는 이 제도는 계약금 폭등과 팀 간의 전력 불균형을 방지하고자 미국에서 시작되었다.

야구 인생의 첫걸음을 어디로 내딛든 '운'에 좌우될 수밖에 없는 것이다. 오타니 선수가 운을 중요하게 생각할 만도 하다. 그 후 그는 여러 메이저 구단의 눈에 들어 '메이저 도전'을 표명했다. 그러나 니혼햄 구단이 설마 했던 1순위 지명을 강행했고 큰 고민에 빠진 오타니 선수는 니혼햄 구단의 끈질긴 설득으로 메이저 입성을 보류했다.

운을 내 편으로 만들어주는 '목표 달성표'

그는 훗날 메이저리그 입성을 전면 지원하겠다는 약속에 마음이 움직여 니혼햄 입단을 결정했다. 이후 프로야구에서 통하지 않는다는 비판 속에서도 투타 겸업 선수로서 맹활약했다. 현재는 꿈에 그리던 메이저리그의 LA 에인절스로 이적해 압도적인 기량을 선보이고 있다. 니혼햄 시절의 구리야마 히데키 감독과 LA 에인절스가 투타 겸업에 대한 그의 소신을 이해해준 덕분이었다. 지금은 자신이 원하던 야구 인생을 살고 있다. 주변의 이해가 따라 주었다는 사실만으로도 오타니 선수는 매우 운이 좋은 셈이다. 그는 목표 달성표에도 써넣었듯이, '운'을 내 편으로 만들어야 한다고 생각했다.

그렇다면 운을 좋아지게 하는 방법은 무엇일까? 목표 달성표 하단에 '운'이라고 적힌 부분을 보자. 정중앙에 '운'이 있고 그 주위를 8개의 사각형이 에워싸고 있다. '인사 잘하기', '쓰레기 줍기', '청소하기', '장비 아껴 쓰기', '심판을 예의 바르게 대하기', '긍정적으로 사고하기', '응원받는 사람 되기', '독서하기'라고 적혀 있다.

몸 관리	영양제 섭취	FSQ 90kg 훈련	인스텝 개선	몸통 강화	축 고정하는 훈련	각도 만들기	공 던지는 훈련	손목 강화
유연성 키우기	몸	RSQ 130kg 훈련	안정적인 릴리스 포인트	제구력	불안정함 없애기	힘 빼는 연습	구위	하반신 운동
체력 단련	가동성 키우기	식단 관리	하체 강화	몸 열지 않기	정신력 키우기	볼 릴리스 연습	회전수 늘리기	가동성 키우기
뚜렷한 목표	일희일비 안 하는 정신력	이성과 감성 훈련	몸 만들기	제구력 키우기	구위 좋게 하기	축 회전	하체 강화 훈련	체중 증가
위기에 강한 정신력	정신력	휩쓸리지 않는 정신력	정신력 키우기	8구단 드래프트 1순위	스피드 160km/h 만들기	몸통 강화	스피드	어깨 주변 강화
동요하지 않는 정신력	승리에 대한 집념	동료를 배려하는 마음	인간성 키우기	운	변화구 연습	가동성 키우기	직구 캐치볼 연습	피칭 충분히 하기
감성 키우기	사랑 받는 사람	계획성 키우기	인사 잘하기	쓰레기 줍기	청소하기	결정구 늘리기	포크볼 완성	구위 좋게 하기
타인 배려	인간성	매사에 감사하기	장비 아껴 쓰기	운	심판에 예의 지키기	느린 커브 연습	변화구	좌타자 결정구 연습
예의 바르게 행동	신뢰감 주기	지속력 키우기	긍정적 사고	응원 받는 사람	독서	직구 폼으로 던지기	제구 연습	공 궤적 예상 연습

오타니 쇼헤이 선수가 고등학교 1학년 때 세운 목표 달성표

FSQ, RSQ는 근력 운동 기구, 출처: 〈스포츠닛폰〉

좋은 운을 담는 좋은 그릇이 돼라

모두 특별할 것 없는 사소한 다짐이다. 하지만 이러한 마음가짐이 느슨해지지 않도록 꾸준히 실천하는 것은 어려운 일이다. 오타니 선수는 15살의 나이에 인간으로서 늘 올바른 행동을 하면 '운'이 좋아진다는 것을 깨달은 것이다. 놀라울 따름이다.

31

사실 당신은 원래부터
'운 좋은 사람'이었다

'운이 나쁘다.'는 사람은 바로 불합격

마쓰시타 전기(현 파나소닉)의 창업자인 마쓰시타 고노스케 회장은 모든 입사 시험 최종 면접자에게 다음과 같은 질문을 한다.

"당신은 운이 좋습니까?"

이때 "저는 운이 나쁜 편이고…." 또는 "아니요, 그다지 좋지 않습니다."라고 답한 사람은 아무리 시험 성적과 면접 결과가 좋아도 그 자리에서 '불합격'이다. 마쓰시타 회장은 이런 방식으로 '나는 운 좋은 사람'이라고 생각하는 사람만 모아 회사를 만들었다. 그런 사람들이 성실하고, 열심히 산다는 것을 알았기 때문일 것이다. 성실하게 열심히 사는 사람만 모인 회사는 잘될 수밖에 없다.

그리고 마쓰시타의 바람대로 작은 전구 공장에 불과했던 회사는 마침내 세계적인 대기업으로 성장했다. 파나소닉은 세계 유수의 브랜드와 어깨를 나란히 하게 되었다.

행운과 불운은 번갈아가며 찾아올 뿐

같은 일에도 운이 좋았다고 생각하는 사람과 운이 나빴다고 생각하는 사람이 있다. 같은 일을 겪어도 좋은 일이라고 생각하는 사람이 있고 나쁜 일이라고 생각하는 사람이 있는 것이다. 고민 끝에 나는 '좋은 일', '나쁜 일'은 없다는 결론에 도달했다.

내 주변에는 1,000만 엔(약 1억 원)짜리 복권에 당첨된 사람도 있고, 평범한 서민이었다가 일약 유명인이 된 사람도 있다. 샘나서 하는 말이 아니라, 그들에게도 나름의 걱정은 있을 것이다. 인간의 행복과 불행은 당사자만이 알 수 있다.

신의 존재 유무는 알 수 없지만 분명한 사실은 있다. 세상은 의외로 공평해서 누구에게나 좋은 일과 나쁜 일이 비숫하게 찾아온다는 점이다. 그렇게 생각하면 운 나쁜 일을 겪었다고 좌절하거나 희망을 잃는 일이 없다.

다음에는 반드시 행운이 찾아올 거라고 생각하자. 물론 다음에 무엇이 찾아올지, 어떤 일이 벌어질지는 아무도 모른다. 하지만 내가 그렇게 생각한다면 다음에는 반드시 행운이 찾아올 것이다. 굳게 믿기 때문이다. 사람에게는 '의지의 힘'이 있다. 자신의 의지대로 믿으면 인생은 원하는 방향으로 움직인다.

운이 좋아지는 첫걸음이자 가장 중요한 포인트는 '나는 지금 운이 좋다.'고 믿는 것이다. 내 인생이 불운하다고 여겨지면 근거 따위 생각하지 말고 내일은 반드시 좋은 운이 찾아올 거라 믿으며 앞으로 나아가자. 그 믿음에 따라 좋은 일과 나쁜 일이 결정되는 것이다.

운이 좋다고 믿으면 진짜 운이 좋아질까?

런던대학을 졸업하고 에든버러대학에서 박사 학위를 받은 영국의 심리학자 리처드 와이즈먼은 저서《행운의 법칙》에서 매우 흥미로운 실험 결과를 소개했다. 그는 먼저

'나는 운이 좋다.'고 답한 사람과 그렇지 않은 사람을 두 그룹으로 나누었다. 그리고 다음과 같은 상황을 설정한 후 관찰했다.

어느 카페 앞에 5파운드짜리 지폐를 떨어뜨리고 양쪽 그룹의 사람들을 1명씩 그 앞으로 지나가게 했다. 그러자 자신은 '운이 좋다.'고 답한 사람은 대부분 지폐를 발견하고 주웠다. 그러고는 바로 카페에 들어가 손님 중 멋지게 차려입은 사업가 옆에 앉아 "실은 오늘 기분 좋은 일이 있어서요."라고 말하며 신사에게 커피를 대접하고 즐겁게 담소를 나누었다. 사업가는 와이즈먼 박사가 미리 설정해둔 인물이었다.

한편 자신의 '인생이 불운하다.'고 답한 사람은 카페 앞의 지폐를 발견하지 못했다. 물론 카페에 들어가서도 사업가 옆에 앉지 않았다. 어쩌다 사업가 옆에 앉은 사람도 아무 말 없이 무표정하게 앉아서 커피만 마시고 일어섰다.

그 후 박사가 피실험자들을 만나 "오늘 하루는 어땠나요?"라고 묻자 스스로 운이 좋다고 말했던 사람들은 '5파운드를 주운 일, 카페에서 신사를 만나 즐겁게 담소를 나눈

일' 등을 신나게 떠들었다. 반면 자신에게 운이 없다고 말했던 사람들은 평소처럼 특별할 것 없는 날이었다고 무뚝뚝하게 답했다.

이 실험으로 알 수 있는 것은 스스로 운이 좋다고 자각하는 사람은 눈앞의 기회를 놓치지 않는다는 점이다. 그들은 5파운드짜리 지폐를 주웠고, 멋진 사업가에게 적극적으로 다가가 이야기를 나누며 즐거운 시간을 보냈다. 그 결과 그들은 인생이 더 좋은 일로 가득 차는 순환 회로에 가까워진다. 이러한 사람만 모인 마쓰시타 전기가 눈부시게 발전한 것은 어찌 보면 당연한 결과였다.

좋은 운이 당신에게 오고 있다

복권을 살 때도 '나는 운 좋은 사람'이라고 굳게 믿고 사는 것이 단연코 좋다. 당첨 확률이 높아진다는 보장은 없지만 '이번에도 꽝이겠지.'라는 반포기 상태보다는 나을 것이다. 될 수도 있다는 생각으로 번호를 확인할 때 그 순간의 설렘을 더욱 즐길 수 있다.

억대의 당첨금까지는 아니어도 만약 당첨된다면 하고

싶은 일들을 상상해보는 것이다. 그렇게만 해도 운은 훨씬 좋아진다. 즐거운 상상을 하는 동안 뇌 회로가 좋은 방향으로 흐르며 운 역시 좋은 방향으로 이끌기 때문이다.

'나는 운이 나빠서…' 이런 속마음을 절대 입에 담지 말자. 아무 소용없을 것 같겠지만 자신 있게 "난 운이 좋아." 하고 말해보자. 말에는 힘이 있어서 입으로 뱉은 순간 정말 '운 좋은 사람'이 되기도 한다.

32

불행했던 과거에
진심으로 감사하라

나쁜 기억이 더 오래간다

어린 시절부터 좋은 일만 있었고 지금도 좋은 일만 계속되는 사람은 없다. 좋은 일이 있으면 나쁜 일도 있는 게 인생이다. 하지만 불행히도 인간은 나쁜 일을 유독 오래 기억한다. 괴롭고 슬픈 일은 기억에 더 깊이 각인되기 때문이다.

그러나 아무리 괴로운 일을 겪어도 인생은 거기서 끝나지 않는다. 그 증거로 지금 나는 살아 있다. 현재는 과거의 연장선상에 있다. 지금 한창 사랑에 빠져 있거나 일이 잘 풀리고 있는 사람은 대부분 괴로운 과거를 경험했다. 사회적으로 성공하여 운 좋은 삶을 살아온 것처럼 보이는 사람도 대개 어려운 과거를 극복한 후 지금에 이른 것이라는 사실을 잊지 말아야 한다.

과거에서 벗어나는 방법은 하나뿐이다. 과거에 대한 집착을 버리는 것이다. '그래서 난 과거의 실패를 아무에게도 말하지 않아.' 이런 생각은 옳지 않다. 과거의 불행을 남에게 말하기 싫고, 그것이 알려지지 않았으면 하는 마음은 스스로가 아직도 과거에 얽매여 있다는 증거다.

얼마 전 직장 동료였던 여성이 청첩장을 보내와서 내 일처럼 기뻐한 적이 있다. 지금은 이미 50대 정도 되었을 것이다. 그녀는 귀엽고 착했지만 이상하게 이성에게 인기가 없었다. 내가 짐작하는 이유는 단 하나다. 그녀가 결혼에 한 번 실패한 이혼녀였기 때문이다. 요즘에는 이혼을 인생의 훈장처럼 여기기도 하지만 본인은 상처가 꽤 깊었는지 완고하게 그 사실을 숨겼다. 그렇게 자신의 껍데기에 갇혔다. 인기가 없는 이유도 그 때문이었다.

한편 그녀는 두 번 다시 괴로움에 사로잡히기 싫어서 열심히 자기계발에 몰두했다. 그 과정에서 점점 자신감을 얻었고 마침내 더 이상은 이혼녀임을 숨기지 않게 되었다.

이렇게 껍데기를 깬 순간부터 그녀에게 사랑의 전성기가 찾아왔다. 그리고 다시 행복을 얻었다.

'불행했던 과거'의 통쾌한 반전

사람은 힘든 과거를 받아들이지 못한다. 과거에 따돌림을 당하고 공부를 놓은 탓에 좋은 대학에 가지 못했다고 치자. 대개는 그 사실을 묻고 잊음으로써 다음 단계로 나아가려 한다. 하지만 진짜 운은 이런 사람에게 미소 짓지 않는다.

아무리 힘든 과거라도 그때가 있었기에 지금이 있는 것이다. 그건 부정할 수 없는 사실이다. 지금의 나는 과거가 있기에 존재한다는 점을 받아들이자. 진심으로 그 과거에 감사하는 것이다. 그 정도는 되어야 과거를 극복했다고 할 수 있다.

지인 중에 이런 여성이 있다. 학창 시절 공부를 곧잘 했던 그녀는 집안 사정으로 대학 진학을 포기해야 했다. 자기보다 성적이 안 좋았던 친구들이 대학에 들어가 대기업에 취직하는 것을 보며 얼마나 억울했겠는가. 그녀는 고등학교 졸업 후 무명의 의상 디자이너 사무실에 취직했다. 전화도 받고 사무도 보는, 말하자면 잡일 담당이었다. 그리고 현재 그녀는 업계에서 모르는 사람이 없는 존재가 되었다. 일하던 사무실의 디자이너가 점점 거물이 되면서 자연히 그녀의 역할도 커졌다. 10년 차가 되던 해에는 마침내 사무실에서 독립하여 패션 잡지를 창간했다.

그간 사무실을 오가는 사람들과 자연스럽게 인맥을 구축했기 때문에 정보망은 넓었고, 그 정보들을 망라한 그녀의 잡지는 현재 패션계에 있는 모든 사람의 필수 미디어가 되었다. 지금은 웹 사이트를 중심으로 운영 중이라 판로가 세계로 뻗어나가고 있다.

경제적 성공은 말할 것도 없다. 그녀가 사는 곳은 롯폰기의 고층 아파트다. 순조롭게 대학에 들어가 평범한 직장생활을 했다면 지금 같은 사회적 지위나 부유한 삶을 손에 넣지 못했을 것이다.

"억울함이 성공의 발판이 된 셈이죠."라고 말하는 그녀는 대학에 갈 수 없었던 자신의 과거에 진심으로 감사한다고 말한다. 그녀처럼 뜻대로 안 됐던 과거를 긍정하고 진심으로 감사하면 과거는 행운의 원천이 된다. 과거에 감사하는 순간부터 운은 빠른 속도로 좋아지는 법이다.

33

'행운 가속도 법칙'을
기억하라

여배우가 순식간에 예뻐진 이유

보통 잡지나 쇼에 나오는 모델들은 주위에서 보기 힘든, 엄청나게 예쁘고 귀여운 사람들이라고 생각한다. 하지만 꼭 그렇지만도 않은 것 같다.

우연히 모델 촬영장에 가게 된 나는 스튜디오에서 그들의 실물을 접할 수 있었다. 귀엽긴 해도 일반 여성과 큰 차이가 나지는 않았다. 모델의 상당수는 전문가가 메이크업과 헤어스타일을 만져준다. 또 스타일리스트가 준비한 의상을 입으면서 서서히 예뻐진다. 결정적인 것은 조명이다. 어떤 여배우는 "조명 받을 때만 예쁜 여배우는 아웃입니다."라고도 말했다. 실제로 조명에 따라 압도적인 미인이 되거나 같은 사람인지 의심스러울 만큼 전혀 다른 인상으로 바뀌기도 한다.

마지막 결정적 수단은 사진작가의 칭찬이다. 촬영 내내 "와, 너무 예쁘다.", "좋아, 좋아. 지금 표정 최고야."라며 모델을 치켜세운다. 그렇게 수백 장이 넘는 사진을 찍으면 그중 최고의 사진 1장이 잡지에 실린다. 그걸 본 모델은 '내가 봐도 정말 예쁜데?' 하고 깊은 자기만족에 빠지는 것이다. 이런 일이 매일 반복되면 어떨까.

모델이나 여배우는 정말 순식간에 예뻐진다. 예쁘다는 말을 계속 듣다가, 스스로가 생각해도 예쁘다는 확신이 들면서 점점 아름다움이 빛을 발하는 것이다. 그리고 마침내는 못 알아볼 정도의 미녀가 된다. 그 진화 과정을 보고 있자면 그저 놀라울 뿐이다.

"이만하길 정말 다행이야."

운도 순식간에 좋아질 수 있다. 행운과 불행을 결정하는 것은 그 사람의 마음가짐이다. 그 마음가짐에 따라 앞날의 운세도 크게 달라진다.

예를 들어, 항상 다니던 길에서 평소대로 걸어가다 자전거와 부딪혔다고 하자. 이마가 찢어질 정도의 큰 사고는 아니었다. 이때 A는 '평소 사람이 드문 곳인데 자전거와 부딪히다니 운도 없네.'라고 생각한다. 거기서 멈추면 다행이지만 인간에게는 한 번 생각에 빠지면 생각이 꼬리에 꼬리를 무는 습성이 있다.

'자전거와 부딪힌 건 내가 생각에 빠져 있었기 때문이야. 어젯밤에 남자친구와 오랜만에 데이트였는데 말다툼을 하고 말았어. 요즘은 툭하면 바쁘다고 당일에 데이트도 취소하고. 그의 마음을 통 알 수가 없어서 답답해. 그런 복잡한 생각을 하면서 걷다가 자전거가 다가오는 줄도 몰랐던 거야. 이렇게 된 건 모두 남자친구 탓이야. 그 애가 나쁜 거라고. 그래, 이렇게 불안한데 그만 헤어지는 게 나을지도 몰라.'

이렇게 A의 생각은 계속 나쁜 쪽으로 흘러간다.

한편 B는 '세게 부딪혔지만 살짝 까지기만 했으니 정말 다행이야.'라고 생각한다. 그리고 B도 생각에 빠진다.

'큰 상처는 아니니까 오늘 회의에 가는 건 문제없겠어.

그래도 조금 오버해서 이마에 ×자로 반창고를 붙이자. 그 모습을 보고 다들 웃겠지? 프레젠테이션을 웃으며 시작한다면 분명 좋은 결과가 있을 거야.'

B의 머릿속에는 이미 프레젠테이션을 성공적으로 마치는 청사진이 펼쳐져 있다. 자연스레 프레젠테이션 아이디어가 계속해서 샘솟을 것이다.

'이제 고객을 공략할 일만 남았군!'

이런 의지로 회의에 임하면 분위기가 벌써 달라진다. B의 기세는 이제 누구도 멈출 수 없다. 고객의 마음을 단단히 사로잡고도 남을 것이다.

뇌과학으로 증명된 운의 메커니즘

A는 부정적인 사고를 거듭함으로써 뇌신경 네트워크가 습관적으로 부정 회로를 취하게 된다. 게다가 이 부정 회로는 점점 강화된다. 한편 자신을 운 좋은 사람이라고 생각하는 B는 미래지향적인 사고방식과 긍정적인 신경 네트워크가 형성되고 그것이 점점 강화된다. 그 결과 운이 좋아지는 방향으로 생각하고 행동함으로써 더욱더 운이 좋아진다.

어느 뇌 과학자는 이렇게 말했다.

"뇌 회로는 출발 시점의 방향성에 따라 결정됩니다. 그리고 일단 형성된 회로는 계속해서 강화되죠."

이 메커니즘에 비추어 볼 때 '운 좋은 사람'이 되는 첫걸음은 무엇보다 '나는 운 좋은 사람'이라고 믿는 마음가짐이다. 중요한 것은 믿음이다. 망상이든 환상이든 관계없다. 내가 생각한 길에 대한 확신을 갖고 용기 있게 나아가는 것이 중요하다.

참고로 망상은 운을 좋게 만드는 데 매우 효과적이다. 현실과 동떨어진 생각을 하면 마음이 들뜨고 설렌다. 현실과의 괴리가 마음을 흥분시키기 때문이다. 이때 신경전달물질인 도파민이 왕성하게 분비되어 의욕과 쾌감을 자극해, 말보다는 행동으로 옮기도록 유도한다.

운은 생각만 한다고 좋아지지 않는다. 실제로 행동하고 실천해야 한다.

운이 도망가기 전에 "앗싸!"를 외쳐라

운에 대해 A와 B는 매우 대조적이다. 자신이 'A타입'이라면 당장 'B타입'으로 바꾸도록 하자. '사람은 쉽게 변하지 않는다.'는 말이 있는데 이것은 오해일 뿐이다. 사람은 생각보다 매우 단순한 생물이라 나를 바꾸는 것쯤은 간단히 할 수 있다.

내가 A타입이라면, 즉 무슨 일이든 반사적으로 운이 나쁘다고 생각하는 사람이라면 어떤 일이 일어났을 때 재빨리 "앗싸!" 또는 "난 역시 운이 좋아!" 하고 큰 소리로 말하자. 부정적인 생각으로 이어지기 전에 선수를 쳐서 좋은 방향으로 자신의 생각이나 기분을 바꿔주는 것이다. "재수 좋네.", "운 좋다!", "대박!" 같은 말에는 말만으로도 그런 기분이 들게 하는 힘이 있다. 바로 그때부터 뇌 내 메커니즘에 따라 생각과 행동이 점점 운이 좋아지는 방향으로 향한다. 그리고 어느 순간 자신이 B타입으로 바뀌었다는 것을 깨닫게 된다.

어떤 일이 생겼을 때 "아, 다행이다!" 하고 선수 치는 것도 운을 좋은 방향으로 바꾸는 필살기다. 그런 다음 뭐가 다행인지 이유를 생각해야 한다. 자전거 사고의 경우 '양쪽 다 크게 다치지 않아서 다행이다. 정말 운이 좋았어.'와 같은 식으로 생각이 흘러가는 것이 좋다.

감사는 운을 좋게 하는 가장 효과적인 감정이다. 감사하는 순간부터 운은 더욱더 좋은 방향으로 향할 것이다.

이것만 지킨다면 당신은 이미 '운 좋은 사람'

01 행운을 부르는 스위치를 켜라.

02 잘한 게 없어도 '나는 잘했어!'라고 생각한다.

03 "오늘은 분명 기분이 좋을 거야!"라고 외쳐라.

04 진짜 원하는 삶에 집중하라.

05 시간을 낭비하면 운도 날아간다.

06 깨끗한 현관이 대운을 부른다.

07 고난은 대운이 트이는 기회다.

08 금전운은 감당할 수 있는 사람에게 찾아온다.

09 '어차피 나는 월급쟁이니까…' 하는 생각을 버려라.

10 돈에도, 운에도 흐름이 있다.

11 돈과 관련된 민감한 밸런스를 이해하라.

12 '불안'을 없애기 위해 저축하지 마라.

13 운을 틔우는 지혜로운 사치도 필요하다.

14 돈은 써야 불어나는 것이다.

15 리스크 없는 최고의 투자는 바로 나에게 투자하는 것이다.

16 금전운이 줄줄 세는 소비패턴을 경계하라.

| 참고문헌 |

리처드 와이즈먼 지음, 이은선 옮김,《행운의 법칙》, 시공사, 2003.

나카노 노부코 지음, 황세정 옮김,《뛰는 놈, 나는 놈 위에 운 좋은 놈 있다》, 엔트리, 2013.

미즈시마 히로코 지음,《정신과 의사가 본 운 좋은 사람, 운 나쁜 사람의 마음 습관精神科医がみつけた 運のいい人、悪い人の心の習慣》, 가이류샤, 2017.

마에다 요시코 지음,《강운의 힘強運のチカラ》, 쇼가쿠칸, 2017.

혼다 켄 지음,《강운의 법칙強運の法則》, PHP연구소, 2017.

야마구치 요헤이 지음,《왜 고흐는 빈털터리였고 피카소는 부자였을까?なぜゴッホは貧乏で、ピカソは金持ちだったのか?》, 다이아몬드사, 2013.

사사키 도루 지음,《길이 열리다, 바다를 건너다 오타니 쇼헤이의 민낯道ひらく、海わたる 大谷翔平の素顔》, 후소샤, 2018.

나가노 오사미 지음,《야마이치 증권의 부활을 꾀하는 남자의 인재력山一證券復活を目論む男の人財力》, 가와데쇼보신샤, 2018.

스가와라 게이

프리랜서 편집자로서 저명한 인물들을 다수 취재하며 성공한 사람의 사고방식, 습관, 행동 등에 관심을 갖고 다양한 각도에서 그들의 공통점을 탐구해왔다. 정·재계를 쥐락펴락하는 기업가, 베스트셀러 작가, 모르는 사람이 없는 문화계 인사들…. 성공한 삶은 타고나는 운명과 같은 것일까? 아니다. 성공한 사람들은 끊임없이 자신들의 운을 상승시키기 위해 노력하고 있었다.

"불안한 미래를 위해 저축하지 마라.", "돈에 대한 예의를 갖춰라.", "목소리도 스펙이다." 등등. 저자는 사소한 마음가짐의 변화부터 주도적인 행동 변화까지, 누구나 따라 하기만 하면 운 좋은 사람이 될 수 있는 방법들을 소개한다. 돈을 끌어당기는 운, 좋은 인간관계를 가꿔주는 운, 승승장구하는 직장생활을 만들어주는 운 등 카테고리별로 나누어 살펴보는 행운아들의 33가지 룰은 당신의 운을 한층 성장시켜줄 것이다. 저자는 와세다대학교 문학부를 졸업한 후 출판사를 거쳐, 현재는 편집자이자 작가로 활동하고 있으며 지은 책으로 《부자들이 죽어도 지키는 사소한 습관》이 있다.

안혜은

상명대학교를 졸업하고 출판사 편집부에 근무하며 다수의 도서를 기획, 편집했다. 현재는 번역에이전시 엔터스코리아에서 전문 번역가로 활동하고 있다. 주요 역서로는 《7일 공부법》, 《세상에서 가장 쉬운 회계학》, 《지도로 읽는다 미스터리 세계사》 등이 있다.

운 좋은 사람들이 꼭 지키는 33가지 룰

2019년 7월 5일 초판 1쇄 | 2023년 2월 7일 3쇄 발행

지은이 스가와라 게이 **옮긴이** 안혜은
펴낸이 박시형, 최세현

마케팅 양봉호, 양근모, 권금숙, 이주형 **온라인마케팅** 신하은, 정문희, 현나래
디지털콘텐츠 김명래, 최은정, 김혜정 **해외기획** 우정민, 배혜림
경영지원 홍성택, 김현우, 강신우 **제작** 이진영
펴낸곳 (주)쌤앤파커스 **출판신고** 2006년 9월 25일 제406-2006-000210호
주소 서울시 마포구 월드컵북로 396 누리꿈스퀘어 비즈니스타워 18층
전화 02-6712-9800 **팩스** 02-6712-9810 **이메일** info@smpk.kr

쌤앤파커스(Sam&Parkers)는 독자 여러분의 책에 관한 아이디어와 원고 투고를 설레는 마음으로 기다리고 있습니다. 책으로 엮기를 원하는 아이디어가 있으신 분은 이메일 book@smpk.kr로 간단한 개요와 취지, 연락처 등을 보내주세요. 머뭇거리지 말고 문을 두드리세요. 길이 열립니다.